元三大師御籤本の研究

―おみくじを読み解く―

大野出 著

思文閣出版

元三大師御籤本の研究　目次

元三大師御籤本の研究

――おみくじを読み解く――

序章

はじめに

現代の日本人にとって、日常生活の中で漢詩と接する機会は甚だ少なくなった。この傾向は、世代が若くなればなるほど顕著である。教科書で習った漢詩以外は見たこともないという人も多いかもしれない。

ところが、若い世代であっても、否、若い世代ほど接する機会を得ている漢詩がある。御籤(みくじ)（御鬮）に記されている五言四句の籤詩(せんし)である。勿論、この籤詩を味読している人は稀であり、大半の人は、御籤に示されている吉凶や運勢に関する判断の方にしか関心が無いようである。しかし、その吉凶や運勢も、実は、この五言四句の籤詩から導き出されているのである。

そして、この五言四句の籤詩は、日本の寺院の場合、その寺院の宗派を問わず、一部の例外を除いては基本的に、実は同じものなのである。(1) つまり、どこの寺院で引いても、一番に記されている籤詩は「七宝浮図塔　高峰頂上安　衆人皆仰望　莫作等閑看」であり、二番の御籤に記されている籤詩は「月被浮雲翳　立事自昏迷　幸乞陰公祐　何慮不開眉」なのである。著者の場合、かつて縁あって、浅草寺の一番から百番までの御籤を手に入れる機会を得たのだが、他の寺院で引いた御籤を、この浅草寺の一番から百番までの御籤と照合させてみると、籤詩に関しては一致しているということに気づいた。完全に一致しているというと、やや不正確になるのだが、若干の字句の異同を除いては同一であり、その字句の異同も伝播の過程で生じたと思しき範囲のものである。

この漢詩、すなわち籤詩については、長い間、俗に平安時代の元三大師（慈恵大師）良源の作と伝えられてきた。例えば『全国神社仏閣ご利益小事典』（現代神仏研究会編、燃焼社、一九九三年）では、この五言四句の漢詩について、「お籤は天台宗の高僧、元三慈恵大師が漢字で五字宛四行、すなわち二十字に書いてつくられたのに始まり、この原文の意味を解釈すると、願いごとにかかわらない、自由自在に解釈できる円融無碍の名文となっている。」と説明されている。

しかし、この五言四句の籤詩は、実は平安時代に元三大師によって作られたものではなく、中国から渡来した『天竺霊籤』に基づくものなのである。このことについては、第二章の研究史考の中で詳述するが、昭和十一年（一九三六）の時点で、淺田澱橋氏によって示唆が為され、後に酒井忠夫氏によって論ぜられるところとなる。

ともかく、御籤に記されている籤詩は、元三大師の作ではないのである。ところが、この五言四句の籤詩は元三大師の作とされ、この籤詩が記された御籤は元三大師の御籤と呼ばれていた。では、誰が御籤を元三大師と結び付けてしまったかである。このことについても、第二章の研究史において触れるが、宇津純氏によって既に指摘されているように、慈眼大師天海が、それまでにも広く人々に親しまれてきた元三大師信仰を、江戸時代の初期に宣揚したことと深く関わっていると考えられる。

ただし、天海自身は、夢のお告げ(2)で元三大師から、信州戸隠に、この五言四句の籤詩から成る御籤を取りに行くよう伝えられたと言っているだけで、天海自身がこの籤詩を元三大師の作だと言ったのではない。この御籤は、天海以前には、元三大師とは関連づけられておらず、観音籤などの名称で呼ばれていたようである。天海によって、元三大師のお告げによるものであるという権威づけがなされたと覚しい。

それと同時に、元三大師の名を冠した観音籤の普及によって、元三大師信仰の布教にも、天海が見た霊夢は一役買ったことになる。ここには明らかな天海の意図が察せられる。

かくして、『天竺霊籤』の五言四句の籤詩に基づく御籤は、元三大師の御籤と呼ばれるようになり、やがて元三大師の作った御籤ということになっていったという経緯がある。

本書の視座

日本思想史上のそれぞれの時代の思潮を概観しようとしたとき、まず注目すべきは、その時代を牽引するような思想家、更には、次代を予感させるような卓抜した思想を示した思想家についてであろう。あるいは、時代の流れに逆らい、思想史上、異彩を放っていた思想家によって、時代を逆照射することもできよう。

これらの思想家たちが示した思想は、それぞれの時代の思想を反映するものであり、その時代を象徴している思想であることは言うまでもないことであるが、こうして何らかの形で自らの思想を後世に遺していった人物たちの思想の威光の蔭に隠れて見失われがちになっている思想もある。いわばマジョリティーの思想とでも言うべきものである。それぞれの時代を代表する、あるいは時代を象徴するような思想が、同時代の多くの人々の中に、どのように浸透していたか、そして、どれほど日常の中で生きていたかということに関しては、あまり注目が為されてこなかった観がある。

このことには、史料的な制約も大きく関わっていたと思われる。自らの思想を示す機会や手段を持ち得る境遇にあった人物の思想は、後世にまで伝えられ、現代においても、その思想を窺い知ることは、史料的な面では容易である。しかし、そうした人物以外の大半の人々が、そのような思想をどれほど受け容れていたのか、その時代のマジョリティーの思想は如何なるものであったのかということを知るための史料は、やはり少ない。

加えて、こうしたマジョリティーの思想は、その時代を牽引する思想の後追いとなっている場合も多く、そこから独自性の強い新しい思想を発見する可能性が低いこともあってか、これまでの日本思想史の研究においては、あまり価値を見出されずにいたようにも思われる。

ただ、たとえ時代を牽引する思想の後追いの思想であったとしても、当然、そこには時代を牽引する思想との齟齬がある場合もあり、また別の様相を呈していることもある。時代を代表するような、あるいは象徴するような思想が、同時代の多くの人々の日常の思想の中に、どのような形で映し出されていたのかということを考えてゆくことは、決して意味の無いことではあるまい。

また、こうしたことを考えてゆくための史料的制約も、江戸時代の場合は、それまでの時代とは大きく異なる。江戸時代における識字率の向上と出版文化の急激な発達によって、多くの出版物が刊行され、それらが今日にまで多く伝えられている。その結果、人々の日常の中で生きていた思想を、それらの中から読み取ることができるのである。

中でも、おみくじ(3)に関する史料は興味深い。現代でも、おみくじは多くの日本人に親しまれ、また日本文化の一つとして海外に紹介されているほどであるが、江戸時代にあっては、現代とは比較にならないほど、おみくじが人々の日常生活の中に溶け込んでいた。江戸時代には、全ての番号のおみくじを一書にまとめた御籤本と呼ばれるものが数多く刊行されていた。その種類も多種多様であり、現存するものも甚だ多く、如何に多くの人々によって買い求められていたかが窺われる。そして、こうした御籤本は、当時の生活百科とも言うべき大雑書にも収められるようになる。大雑書は一家に一冊は常備されていたと思しき書物であり[4]、このことからも、江戸時代の人々の日常の生活の中に、おみくじが如何に密接に関わっていたかが窺い知れる。

現代と較べれば、情報は限られ、科学的思考も進んではいなかった江戸時代である。ものごとの判断に迷った時、おみくじによって可否を決するということの意味が、現代とは比較にならないほど重かったと考えられる。かの新井白石でさえ、むすめの縁談に際して、おみくじによって可否を決していたというほどである[5]。

江戸時代の人々にとって、おみくじに対する依存度、信頼度は、現代よりもはるかに大きかったということは間違いのないことであろう。

第一章　研究対象としての「おみくじ」、その諸相と概観

第一節　おみくじと元三大師信仰

今ではあまり見かけなくなったが、かつては家々の戸口に、元三大師の姿を描いたとされる魔除けの護符（おふだ札）が貼られていた。著者自身、子供のころ、祖母の家に貼られていた元三大師の護符を見るにつけ、どうして悪魔の絵が貼ってあるのか不思議でならなかった記憶がある。それが「角大師」と呼ばれる護符であった。角大師の護符は、元三大師ゆかりの寺では現在でも配られており、近年では角大師をモチーフにした種々のお守りも扱われている。

なぜこのような異形の元三大師が描かれるようになったかということについては諸説がある。

谷崎潤一郎の代表作の一つ『少将滋幹の母』にも、元三大師に触れた部分がある。この作品の執筆に際して、谷崎は比叡山に伝わる元三大師をめぐる逸話について、山口光圓師から多くの資料あるいは口述を受けている。それらを随想としてまとめたのが『乳野物語』である。[6]『乳野物語』の中で谷崎は、魔除けの護符として「角大師」が描かれるに至った由来について、『東叡山寛永寺元三大師縁起』に基づき、次のように記している。[7]

圓融天皇の永觀二年、大師七十三歳の頃のことであつた、或る夜人靜まつて俄かに風が吹き起り、瀟々たる暗雨の窓を打つ音が物凄く、大師がひとり殘燈の影に坐してゐると、異様な形をしたものが忽然と現れて大師の前に畏まつた。師が汝は何者であるかと問ふと、私は疫病を司る百鬼夜行の首魁でございます、今度あなたさまが厄にお當りなされましたので、恐れ多うございますが、御尊體を侵しに參つたのですと云ふ。そこで大師が唯圓教意逆即是順と唱へ、試みに左の小指をさし出して、それに病氣を移させたところ、苦痛が全身に遍滿して堪へ難かつたので、圓融三諦の法を觀じて彈指すると、疫病神は直ちに彈き出されて腰を折つて伏し轉び、同時に大師の苦痛が去つてもとの健かな體に復つた。その後大師が思ふのに、自分が僅か一本の指を患つてさへあのやうな苦しみを感じるのであるから、まして病蓐に呻吟する人々の辛さは何程であらう、自分は誓つて此の疫病神を拂ひ除けて庶民の苦患を救はうと。斯くて大師は自ら夜叉の姿と現じて鏡に映し、その影像を寫し取つて、此の繪を置いてある所には決して邪魅が來ることなく、厄災が拂はれますやうにと云ふ誓願を立てたのであつた。

こうして「角大師」という異形の元三大師が、疫病除け、厄除けの護符に描かれることになったという。(8)

この他に、元三大師が宮中に参内する時には、いつも鬼面をつけていたということに由来するという説もある。元三大師は、たいへんな美男であったとも伝えられている。素顔のままで宮中に上がると、宮中の女官たちが言い寄ってきて騒がしくなってしまう。この女難を避けるために、宮中参内の折の元三大師は、あえて鬼面をつけ、その素顔を隠していたというのである。岩崎陽子作の『王都妖奇譚』（秋田書店・プリンセスコミックス、一九九六年）に描かれている元三大師も、この説に基づいている。そして、真偽のほどは別として、この時つけていたとされる鬼面が、今も京都の廬山寺に伝えられている。また、こうした元三大師と鬼との結びつきから、元三大師ゆかりの寺では、節分の折にも、「鬼は外」と言うのを憚り、「福は内」とのみ言うことさえあるという。

元三大師の護符には、もう一種ある。「角大師」に対して、こちらは「まめ大師」と呼ばれ、「魔滅大師」あるいは「豆大師」と表記される。「魔滅大師」と書く場合は、文字通り「魔」を「滅」する元三大師という意味であるが、「豆大師」とする場合は、やはり元三大師が美男であったということに由来するらしい。宮中に元三大師が上る時には、女官たちに見つからぬよう、豆つぶほどの大きさに変身していたというのである。

ただし、この端整な顔だちの元三大師も左の眉だけは異様に長かったということになっている。『王都妖奇譚』では、元三大師の眉は左右ともに触覚のごとく長く描かれているが、豆大師（魔滅大師）の護符に描かれている元三大師は、左の眉毛だけが異様に長いものが多い。

一方、この美男ゆえの伝説を抱える元三大師も、ひとたび外敵に相対するや、蛮横なる一面を示したとも伝えられる。その剛勇ぶりからか、日本初の武家政権を樹立した、かの平清盛が元三大師の生まれかわりであるという伝説まで生まれたという。

さらに意外なことに、あの漬物の「たくあん」も、比叡山では「定心房（じょうしんぼう）」と呼ばれ、沢庵禅師（たくあんぜんじ）ではなく元三大師が考案したものということになっている。「定心房」とは元三大師の住房の名である。

第二節　おみくじと漢詩

今日に至るまでの長きにわたり、地域、職業、世代、性別を越えて、おみくじは実に多くの日本人に親しまれてきた。今では英訳が添えられたもの、あるいは英文ですべて記された外国人向けのおみくじも複数ある。

現在、我々がおみくじを引くとき、ほとんどの場合、読むのは一枚の札紙のみである。そして、その一枚の札紙に対しても、そこに示されている吉凶に一喜一憂するばかりで、どれほどの人が果たして、その内容まで熟読玩味しているかは甚だ疑わしい。札紙に記されている籤詩[9]に対してとなれば、なおさらであろう。中には、ほとんど内容を読みもせず、わけも分らず、境内の樹々に札紙をむすびつけてきてしまう人さえいる。

人と連れ立って、おみくじを引く場合には、自分以外の人の札紙を見せてもらうこともでき、同時に複数の札紙を目にする機会も得られるが、この場合とて、他人が引いたおみくじの内容などには、余程のおみくじ好きでもない限り、まず興味はないであろう。よしんば他人の引いたおみくじの札紙を見たとしても、その吉凶を自分の引いたものと較べてみて、自分の方が良ければ心地よく、相手の方が良ければ面白くないだけであろう。所詮、他人の引いたおみくじは、他人の運勢であり、自分とは何の関係もないのである。

しかし、それこそが、おみくじのおみくじたる所以でもある。他人の引いたおみくじに対する意識と自分自身が引いたおみくじに対する意識は異なっていて当然なのである。

おみくじとは、引いた者と神仏との一対一の対話とも言える。おみくじに示されている言葉は、引いた本人のみに対するものであって、たとえ同じ寺社で同じ番号を引いた者が日本全国にどれほどいようと、同じ番号を引いた者同士の横の繋りはない。おみくじに記されていることを、どのように受けとめるかは、引いた本人のその時の境遇や心境によって、さまざまに異なってくるものである。同じ番号のおみくじであっても、その解釈の仕方は一様とは限らない。籤詩の部分については特にである。そのことは、おみくじの籤詩の部分が、さまざまな解釈が可能なように融通無礙なものになっていることからも窺い知れる。

おみくじを介して、引いた者と神仏とが一対一の言わばパーソナルな関係になる。これこそが重要なのである。[10]

したがって、自分がその時に抱えている問題、自分が置かれている状況に即して、おみくじを読み、神仏からの示唆を受ければよいということであろう。

しかし、おみくじの籤詩の部分から、自分自身の運勢、ましてや神仏からの示唆を読み解くことができる人は、現代であっても、きわめて少ないと思われる。今日ほどには教育の普及も進んでおらず、現代と較べれば文盲率も高かった江戸時代にあっては、なおさらである。

このことについては次節以降で再び述べるが、かつては、おみくじの籤詩部分を読解してもらうということも、しばしばあったようなのである。学識のある身近な人に読解してもらう場合もあれば、それを生業の一部にしている人に読解してもらうということもあったようである。

さきにも若干触れたが、現在、日本の神社仏閣で引かれているおみくじの札紙に籤詩が記されている場合、ごく一部の特殊な例(11)を除いては、同じ番号のおみくじであれば、同じ漢詩が記されている。完全に同一とまでは言えないが、異同があったとしても、それは伝播の過程で生じたと思しき程度のものである。

現在、特に神社で引かれているおみくじには和歌が記されているものも多く、これらは籤詩が記されたおみくじとは別系統のものであるが、籤詩が記されておらず、和文のみで運勢が示されているおみくじの場合でも、そこに示されている運勢が、実は当該の番号の漢詩に基づくものであることも多くある。漢文に対する素養が失われてしまった現代の日本人では、たとえ籤詩を記しておいても、ほとんどの人が理解することができないため、籤詩から導き出された運勢のみを分かり易く示すといった配慮に基づくものであると思われる。

第三節　元三大師御籤本

日本の神社仏閣で引かれているおみくじと籤詩との関係は、前節において述べた通りであるが、その籤詩は全部で百首ある。したがって、おみくじも一番から百番まである。[12] 既に述べたように、こうした一番から百番までのおみくじが、元三大師と結び付けられ、元三大師御籤（がんざんだいしみくじ）（「籤」を「鬮」と表記する場合もある）と呼ばれるようになる。

そして、この元三大師御籤が一冊ないし上下二冊にまとめられた本、つまり元三大師御籤本（みくじぼん）が、[13] 江戸時代には数多く出版されていた。その種類も豊富で、多種多様の元三大師御籤本が今でも残っている。[14] 同じものが版を重ねて出版されることもしばしばあったようで、いかに江戸時代の多くの人々が元三大師御籤本を買い求めていたかを窺い知ることができる。そして実は、このことは江戸時代に限ったことではない。近代日本と言われる明治以降になっても、やはり元三大師御籤本は多く売り出されていた。

しかし、どのような需要に応えて、江戸時代以来、数多くの元三大師御籤本が出版され続けていたのであろうか。このことを考えてゆくために、まず、元三大師御籤本がどのような経緯の中で生まれてきたのかということに思いを馳せてみたい。

以降に述べることは、現段階では史料による文献的裏付けも乏しく、あくまでも著者の臆断の域を出ない部分も多々ある。したがって、現時点での著者自身の言わば見取図に近いものを示すにすぎないが、それを示すことによって、諸賢からの御批正をたまわる機会を得られればと思っている。

まず、現在のように、御籤を引いた人それぞれに札紙が配り与えられるといった形式が初めから普及していたとは考え難い。日本では長きにわたり、紙は貴重で高価なものであった。このことについては再び詳述するが、現在のように一番から百番までの札紙を何十枚、何百枚も寺社側が常に用意をしておき、配り与えるという形式は、御籤が発展する過程で生まれたものだったのではないかと思われる。

では、札紙が配り与えられるという形式に至る以前には、どのような形式で、御籤によって占いが為されていたかである。御籤が易の筮法を模倣していることは言うまでもない。易の場合、現在でも筮竹を扱うのは易者の側である。御籤においても、御籤箱を振り、御籤竹を引き出すのは、僧侶の側であったと推察される。このことは、現在の比叡山の元三大師堂の占法からも窺い知ることができる。

御籤に限らず、占いというものの多くは、時代が遡れば遡るほど、ある種の宗教的に特殊な能力を持った者の関与が重要になってくる。こうした宗教的に特殊な能力を持った者の介在が省略され、俗人ひとりひとりが、自分自身で御籤箱を振り、御籤竹を引き出すことによって、みずからの運勢を知ることができるようになっていったのではないだろうか。言わばセルフサービス化である。このことは、江戸時代以降における識字率の上昇と無関係ではあるまい。つまり、識字層が拡大すれば、宗教的に特殊な能力を持つ者の関与が無くとも、文字という情報を通して、自分の運勢を知りたい、自分の未来を知りたいという人々の欲求を満たすことができるようになるのである。

さて、ここで時代を遡らせ、御籤の最も古い形式がどのようなものであったのかということを考えてみたい。現在確認されている史料の中で最も古い形式を留めていると思しきものは、岩手県の天台寺に伝わる御籤である。[15]この御籤において注目すべきは、御籤竹そのものに籤詩が書かれているという点である。御籤竹を振り出し、その御籤竹に記されている籤詩に基づいて、その籤詩から運勢を読み取り、あるいは導き出し、行動や判断の是非について解説するという形式をとっていたのではないかと考えられる。

御籤の籤詩は、このように古くは御籤竹そのものに書かれることもあったようなのであるが、これとは別に、御籤竹には番号と吉凶のみが記され、その番号を御籤本に照合させるという形式があり、その後に、御籤を引いた人それぞれに札紙が与えられるという現在の形式に至ったのではないかと推察できるのである。

この札紙であるが、札紙が配られ始めた当初は、それぞれの寺社ごとに刷っていたのであろうが、次第に、注文に応じて札紙を印刷する業者も現れてきたようである。それが、いつごろ始まったのかは定かではないが、遅くとも大正四年（一九一五）には、こうした業者が存在していたことが分かる。[16]

京都の藤井文政堂から、大正四年に刊行された御籤本『元三大師御鬮』（愛知県立大学附属図書館蔵）の巻末の広告には「御籤の札紙」として、次のようにある。

> 本書の御鬮は、各々別々に一枚づゝ、信者參詣人に授與せらる樣に、札紙を調製したり、澤山參詣人信者のある寺院神社は、此鬮札を御使用致されたし、之は御寶前に御鬮箱を置きて、參詣人の方に、その御鬮箱より御鬮竹を引出して其の番號の御鬮札を授け渡す、參詣人は之れを見て吉凶を判斷し得らるゝものなり

そして、価格については次のようにある。

> 十組（一番毎に十枚づゝ）千枚　代金壹圓九拾錢（郵稅共）
> 三十組（一番毎に三十枚づゝ）三千枚　代金五圓四拾錢（郵稅共）

五十組（一番毎に五十枚づゝ）五千枚　代金八圓五拾錢（郵税共）

この広告[17]の中で「澤山參詣人信者のある寺院神社は、此鬮札を御使用致されたし」云々とあるのが、とても興味深い。参詣人や信者が特に多い神社向けに、札紙も別売りで用意してあるということを伝えた広告である。これは裏を返せば、さほど参詣人の多くない寺社ならば、別売りの札紙まで仕入れておかずとも、この御籤本が一冊あれば、参詣人に十分対応できるということである。そのことは、別売りの札紙について「之は御寶前に御鬮箱を置きて、参詣人の方に、その御鬮箱より御籤竹を引出して其の番號の御鬮札を授け渡す、参詣人は之れを見て吉凶を判斷し得らるゝものなり」と、あえて参詣者への札紙の与え方、その段取までもが詳しく説明されていることからも分かる。大正に入っても、参詣人の多く集まる寺社以外では、札紙を配るという形式が必ずしも一般化しておらず、御籤本自体を用いるという形式が未だ残っていたということであろう。

第四節　元三大師御籤本と大雑書

これまで御籤本が専ら寺社で用いられることを前提に述べてきた。ところが、御籤本は何も寺社のみで用いられていただけではない。寺社のみに備えられるためだけのものであったならば、さまざまな数多くの御籤本がたびたび売り出される必然性はなかったはずである。相応の需要があればこそ、それを見込んでの出版が為されていたのであろう。

実は、このことを考えてゆくための手懸かりを、大雑書という書物の中から見出すことができるのである。大雑書は、時代が下れば下るほど生活百科の様相を強め、各家々に備え置かれていたような類の書物である。

この大雑書の中でも特に生活百科としての性格が色濃い『天保新撰永代大雑書萬暦大成』には、御籤本も収められているのである。そして、この大雑書には、「御籤箱造る寸法」として、御籤箱と御籤竹を造るための詳細な言わば設計図［図①］までもが記されている。

つまり、『天保新撰永代大雑書萬暦大成』に記載されている設計図にしたがって御籤箱と御籤竹を一式拵えておけば、これを用いて、いつでも御籤が引けるということになる。

『天保新撰永代大雑書萬暦大成』には、元三大師御籤の一番から百番まで、つまり、すべての元三大師御籤が収められている。一番から百番それぞれには、その番号の籤詩、吉凶のみならず、詳しい解説や挿絵も添えられている。たとえば十番であれば［図②］のようにである。

［図①］の設計図にしたがって、自家製の御籤箱を一式造っておけば、寺社まで行かずとも、家に居ながらに

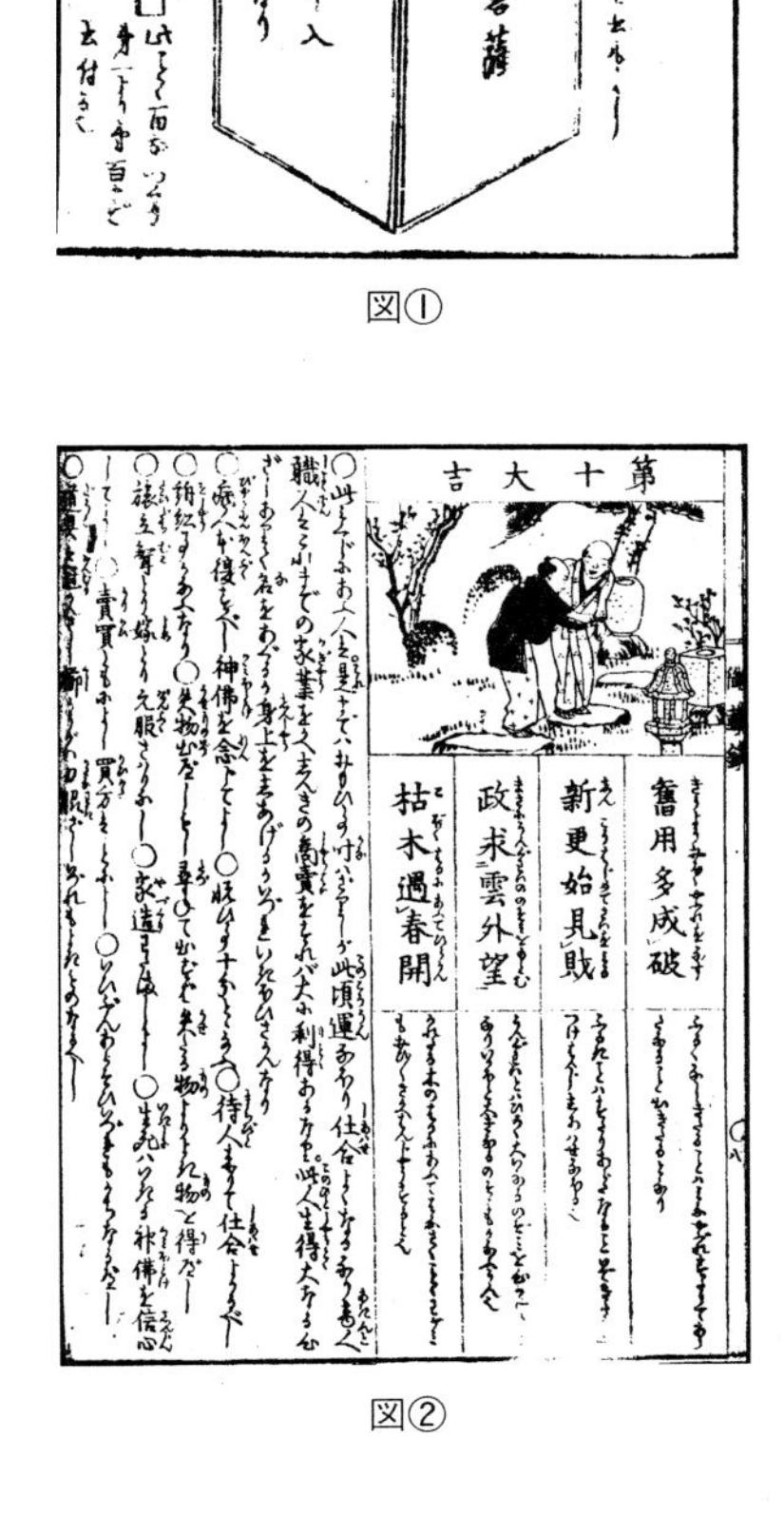

図①

図②

して元三大師御籤が引けるということである。自家製の御籤箱から御籤竹を振り出し、その御籤竹に示された番号の御籤を『天保新選永代大雑書萬暦大成』の中から見つけ、それを読めばよいのである。

江戸時代にあっては、ものごとの判断に迷ったとき、占いにその判断を委ねるということが、現代とは比較にならないほど重要な意味を持っていたと思われる。現代に較べれば、情報手段も限られ、いわゆる科学的思考も現代ほどには普及していない江戸時代、判断に迷ったとき、その判断材料としての占いの役割は、今日とは較べものにならないほど大きなものであったろう。

日常の生活のさまざまな局面で、その都度、寺社に詣でて御籤を引けば、当然それだけの費用も労力も掛かる。ところが、この御籤を家に居ながらして、いつでも、そして一銭も掛けずに引くことができたとしたら、これはたいへん便利なことである。

しかし、このような発想は、『天保新撰永代大雑書萬暦大成』に至って初めて為されたものではないようなのである。実は、御籤本には、一部の特殊なものを除いては、巻頭に必ず［図①］と同様の御籤箱の設計図が描かれている。それぞれの御籤本の成立時期や種類によって若干の相違はあるが、御籤箱の底面が四寸四方、高さが一尺という寸法については共通している。

元来は、こうした御籤箱の設計図にしたがって、寺社側が御籤箱を一式造っておき、参詣者から所望があれば、この御籤箱と御籤本を用いて、行動や判断に迷っている参詣者に指針を与えていたのであろう。つまり、描かれ始めた当初は、寺社むけの御籤箱の設計図であったと考えられる。

ところが、陸続として御籤本が刊行され、誰もが御籤本を手に入れられるようになるにしたがって、御籤本の読者みずからが御籤箱を造るという発想も生まれてきたのであろう。おそらくは、そうした既成の事実を後追いする形で、大雑書にも御籤箱の設計図をともなって、御籤本が収められるということになったのではないかと推察できる。

第五節　夏目漱石『明暗』の中の御籤本

御籤本の中には、袖珍本（しゅうちんぼん）（「しっちんぼん」と読むこともある）と呼ばれる大きさのものも多くある。袖珍本とは、袖の中に入れて持ち歩けるほどの大きさの本、つまり携帯用の小型の本のことである。

これら御籤本の袖珍本は、寺社への参詣の土産、参詣の記念として主に買い求められていたのではないかと著者は推測している。あるいは寺社側からの礼物として配られることもあったのかもしれない。

御籤本の袖珍本の場合、携帯用といっても、これだけでは御籤を引くことはできない。前節で述べたような御籤箱を別途に造っておかなくてはならない。ただし、御籤本に示されている設計図の通りに造れば、御籤箱の高さは一尺（約三〇センチメートル）である。御籤箱がこの大きさでは、たとえ袖珍本が携帯できたとしても、御籤箱を携帯することは難しい。寺社の中には、御籤箱だけは仏前または神前に備え置き、札紙を配るかわりに、たとえば引いた番号の籤詩のみを記した書きつけを渡して、参詣者おのおのが持っている袖珍本を参照させるような方式をとっていたところもあったのであろう。しかし、この方式では、いつでも、どこでも御籤が引けるというわけにはいかない。

ところが、遅くとも幕末には、いつでも、どこでも実際に御籤が引けるという携帯用の御籤本も売り出されていたのである。この御籤本は折本（おりほん）状で、この折本と同じ大きさの御籤箱と一組になって専用の袋に入っている。

折本と御籤箱を合わせても煙草一箱よりも小さい。これならば本当に携帯できる。

この小さな御籤箱の中には、短冊状の御籤竹（ただし素材は竹ではなく象牙である）が入っている。そして、この楊子ほどの小さな象牙の御籤竹一本一本に番号が彫り込まれている。この小さな御籤箱から振り出された小さな御籤竹に示されている番号を見て、小さな折本状の御籤本の当該番号を見れば、そこに吉凶と籤詩、加えて和解（籤詩に対する和文解釈）が書かれている。

こうした御籤箱と一組になった御籤本で著者が確認しているものは、幕末の嘉永三年（一八五〇）の刊記を持つもの（著者蔵）であるが、こうした携帯用の御籤本は、明治以降も売られていたようなのである。

実は、夏目漱石の『明暗』[18]の第四十六回の中に、次のような一節がある。

> 継子は長さ二寸五分幅六分位の小さな神籤箱の所有者であつた。黒塗りの上へ篆書の金文字で神籤と書いた其箱の中には、象牙を平たく削つた精巧な番号札が、数通り百本納められてゐた。彼女はよく「一寸見て上げませうか」と云ひながら、小楊枝入を取り扱ふやうな手付で、短冊形の薄い象牙札を振り出しては、箱の大きさと釣り合ふ様に出来た文句入の折手本を繰りひろげて見た。（中略）お延が津田と浅草へ遊びに行つた時、玩具としては高過ぎる四円近くの代価を払つて、仲見世から買つて帰つた精巧な此贈物は、来年二十一になる継子に取つて、処女の空想に神秘の色を遊戯的に着けて呉れる無邪気な装飾品であつた。彼女は時として帙入の儘それを机の上から取つて帯の間に挟んで外出する事さへあつた。

言うまでもなく『明暗』は小説である。したがって、この記述をそのまま史実と捉えることは勿論できない。

しかし、「継子」が時として「帯の間に挟んで外出する事さへあつた」この「神籤箱」と「折手本」が、全く実在しない漱石の仮想の世界に在った物とは考え難い。少なくとも、これに類する物を漱石は見るなり、聞き及ぶなりしていたのであろう。何より、その形状といい、仕組みといい、先に述べた嘉永三年の御籤本と多くの部分で一致しているのである。

そして『明暗』の中で、この「神籤箱」を売っていたのが「浅草」の「仲見世」であったというのが興味深い。言うに及ばず、浅草の仲見世は浅草寺の参道である。浅草寺は天台宗の代表的な古刹（こさつ）の一つ、天海とも元三大師とも浅からぬ縁のある寺である。この仲見世で買ったということが事実であれば、事実として興味深く、あるいは漱石の設定であったとすれば、それは漱石理解の上で、また興味深い一事である。

さらに興味深いのは、この「神籤箱」一式の値段が「四円近く」であったとされていることである。この「四円」という金額が、『明暗』の舞台設定とされている時代において、どれほどの価値であったのかということについては、経済史の観点からすれば、その時代の物価の指標となるものとの比較対象が必要となろうが、いずれにせよ「四円近く」という価格は「玩具としては高過ぎる」値段であったことには間違いない。

第二章　研究史考

第一節　日本における霊籤の受容としての研究

日本における霊籤の受容に関する最も早い論攷は、恐らくは昭和十一年（一九三六）刊の『集古・丙子第五號』所収の淺田澱橋氏の「觀音百籤考」[19]であろうと思われる。[20]『集古』を刊行していた集古會は、その「規定抄録」に拠れば、「本會ハ談笑ノ間ニ史學考古學ノ智識ヲ交換スルヲ目的トシ其レニ關スル器物書籍書畫等ヲ蒐集展覽シ且ツ會誌ヲ發行」する団体であると、ディレッタンティズムを標榜しているやにも見えるのであるが、少なくとも淺田澱橋氏の「觀音百籤考」に関する限り、これは卓見と言わざるを得ない。「觀音百籤考」は極めて短い論攷である。ところが、この短い論攷の中に、幾つもの重要な指摘が為されている。恐らくは、日本における霊籤の受容に関する論攷の嚆矢とすべきものであろう。特に「日本東京市淺草公園淺草寺」の「觀音百籤第一番」に記された五言四句の籤詩が、「支那浙江省杭州市上天竺法喜寺」の「觀音霊籤第一籤」の籤詩と一致していることを、図版をともなって示している点は重要である。つまり、浅草寺をはじめとした日本のおみくじの籤詩の淵源が中国に由来することを、昭和十一年（一九三六）の時点で既に指摘しているのである。また、この「觀音百籤考」の中で引用されている史料にも目を瞠らせられる。日本における霊籤の受容を論ずる上で重要不可欠な史料が複数用いられているのである。そして、それら史料に対する見解、いずれもが甚だ的を射ている。やはり、日本における霊籤の受容に関する論攷の嚆矢と呼ぶべきものであろう。

この後、日本における霊籤の受容をめぐって注目すべき新たな営為が為される。特に易経と霊籤との関係に着目した、研究史上、極めて重要な営為が始まる。酒井忠夫、今井宇三郎両氏を中心とした共同研究とも言うべき研究が始まるのである。

その経緯が端的に述べられている文章がある。『新釈漢文大系・易経　中』（今井宇三郎著）に寄せられた「季報No.85」（明治書院・一九九三年）である。この中で酒井忠夫氏は次のように述べている。

私は数年前から中国・日本の籤（おみくじ）について今井博士とともに調査研究している。籤文の中心である籤詩は、卦辞に当たるから、百枚一組の籤は百卦より成ることになる。この百卦と易経の六十四卦とどう違うか。こうして私は易経の専門家である今井博士に『易経』六十四卦の仕組みについて、私なりの考え方から質ねることになる。史学専攻の私の質問は、漢学専攻の今井博士の専門外の分野にわたることもあるが、それは今後の易占文化研究の新方向のきっかけとなるかも知れない。恐らくこういうことから、今井博士は、『易経　中』の季報執筆者として、中国の宗教や社会の研究者である私を指名されたものと思う。

そして、こうした研究の営為の中から、その一つの結実として、『中国の霊籤・薬籤集成』（酒井忠夫・今井宇三郎・吉元昭治編、風響社、一九九二年）が生まれることとなる。同書は「中国大陸・台湾及び日本で流通し、または典籍として刊行流布し、典籍に引用紹介された籤及び薬籤を、分類集成し」、解説が付せられた大著である。

この「はしがき」によれば、戦前から既に、酒井忠夫、今井宇三郎両氏の籤の収集は始まっている。特に、酒井忠夫氏の収集領域は広く、「戦前に北京及び日本で、戦後に台湾及び韓国で、籤・薬籤及びそれらを収集した典籍を収集」していることが判る。(21)

こうした研究の営為の成果が公にされていた時期、それらと相前後する形で、いま一つ注目すべき研究が発表されている。『仏教民俗学大系・第八巻――俗信と仏教――』（宮田登・坂本要編、名著出版、一九九二年）に収められた宇津純氏の「元三大師とおみくじ」である。ここで同氏は、日本の霊籤に元三大師の名が冠されるに至る経緯を的確に指摘している。現在でも日本各地の特に寺院で広く用いられている籤詩をともなった霊籤が、平安時代の天台宗の高僧、元三大師すなわち良源によって作られたものであるという誤認が一般に流伝してしまっているが、(22)そうした誤認がどのようにして生まれたかを、この論攷の中で同氏は的確に論じている。

第二節　御籤本に関する研究

一方、国文学の分野においても、霊籤の受容とその展開に関して、特に御籤本についての研究が行われていた。一九七七年、『近世文学資料類従・参考文献編十一』（近世文学書誌研究会編、勉誠社）として、前田金五郎氏所蔵の『元三大師百籤』および『観音百籤占決諺解』の影印本に野田千平氏が詳細な書誌学的解説を付したものが刊行されている。この後、前田金五郎氏の研究が、『好色一代男全釈・上巻』（角川書店、一九八〇年）の注解等の形で、以降、広く知られるようになるのであるが、近年の注目すべき研究としては、二〇〇一年に「元三大師御鬮本一覧稿」（『近世文芸研究と評論・第六十一号』、近世文芸研究と評論の会）として発表された二又淳氏の論攷がある。この「元三大師御鬮本一覧稿」は、江戸時代に刊行された現存する元三大師にかかわる御籤本（次章において詳述）を可能な限り網羅し、これらに書誌学的考察を加えた貴重な研究であり、重要な目録でもある。[23]これらの研究によって、元三大師御籤本には多種多様なものがあることが明らかになり、それらに関する書誌学的考察がなされているとともに、元三大師御籤本の戯作への影響についても論究がなされている。

以上述べてきた日本における霊籤の受容と展開に関する主たる先行研究に加え、一般向けの書籍等も加え、それらを発行年順に整理すると以下の通りとなる。

・野田千平『近世文学資料類従・参考文献編十一』(解題) 近世文学書誌研究会編、勉誠社、昭和五十二年(一九七七)
・司東真雄「天台寺什物の応永銘『観音籤』考」『元興寺仏教民俗資料研究年報・一九七六』、昭和五十二年(一九七七) 所収
・前田金五郎『好色一代男全釈・上巻』角川書店、昭和五十五年(一九八〇)
・竹内照夫『やさしい易と占い』社会思想社「現代教養文庫」、昭和五十六年(一九八一)
・酒井忠夫「中国の籤と薬籤」酒井忠夫・今井宇三郎・吉元昭治編『中国の霊籤・薬籤集成』風響社、平成四年(一九九二) 所収
・宇津純「元三大師とおみくじ」宮田登・坂本要編『仏教民俗学大系・第八巻――俗信と仏教――』名著出版、平成四年(一九九二) 所収
・酒井忠夫「中国・日本の籤――特に叡山の元三大師百籤について――」大正大学中国学研究会『中国学研究・第十二号』、平成五年(一九九三) 所収

・露木まさひろ『占い師!』社会思想社、平成五年(一九九三)
・島武史『日本おみくじ紀行』筑摩書房「ちくま文庫」、平成七年(一九九五)
・島武史『日本おみくじ夢紀行』日本図書刊行会、平成九年(一九九七)
・中村公一『一番大吉!――おみくじのフォークロア――』大修館書店「あじあブックス」、平成十一年(一九九九)
・国立歴史民俗博物館編『異界万華鏡――あの世・妖怪・占い――』歴史民俗博物館振興会、平成十三年(二〇〇一)
・前田金五郎「『百籤』の末裔」前田金五郎著『近世文学雑考』勉誠社、平成十七年(二〇〇五)所収

ただし、これらの先行研究においても、元三大師御籤本に関する体系的な研究は、いまだ為されていない。

第三章　元三大師御籤本の分節点と類別

第一節　時系列に基づく元三大師御籤本の分節点

御籤とそこに記されている五言四句の籤詩との関係、更には、その籤詩と元三大師および天海との関わりについては序章においても既に述べてきたところであるが、これらのことは、御籤を引いている大半の人々には、今でもほとんど知られていないことであろう。そして、いま一つ、御籤について一部の研究者以外には、あまり知られていないのが御籤本（みくじぼん）というものの存在である。先にも述べたが、江戸時代には、御籤の一番から百番までの全ての御籤を一冊（または上下二冊）にした御籤本というものがあった。江戸時代のみではない。その後、明治以降も出版され続け、実は現代にあっても購入することができる。

御籤本には幾種類かのものがあるが、その大半は元三大師御籤本、すなわち元三大師の御籤の一番から百番までを一冊ないし二冊に纏めたものである。この元三大師御籤本は実に多種多様なものがあり、現存するものも甚だ多い。

このような、多種多様な御籤本の、その大半には「元三大師」の名が冠されている（以降、「元三大師」の名が書名に冠された御籤本、および「元三大師」の名が書名に冠されてはいないものの籤詩の部分においては、同様の淵源を持つと判断できる江戸時代に刊行された御籤本の総称として「元三大師御籤本」という語を用いることとする）。

元三大師御籤本は一番から百番までの百通りの言わば運勢判断によって構成されている。この運勢判断の根幹に籤詩がある。元三大師御籤本は、これら百首の五言四句の籤詩が基となり、運勢が読み解かれることになる。これら百首の籤詩の淵源は『天竺霊籤』[24]である。『天竺霊籤』が中国から日本に渡来した時期については、これを明確に示す史料は未だ発見されていないのであるが、江戸時代の初期に、天海あるいは天海の弟子たちによって広く用いられたことが一つの大きな契機となり、その後、日本各地の寺院、さらには神社へと普及することとなっていったものと考えられる。[25]

こうして多種多様な元三大師御籤本が生まれてゆくことになるのだが、これらを通覧してみたとき、幾つかの重要な分節点があったことに気づく。ただし、この分節点は、著者が現時点で確認し得た史料のみに基づくものであり、今後、さらに新たな史料を発見することによって、より細分化したものを提示できるのではないかと考えている。また、新史料の発見によって、分節点の時期が繰り上がることも十分考えられる。

まず、最も情報量の少ない元三大師御籤本を基本形としたい、寛文二年（一六六二）の跋を持つ『天竺霊感観音籤頌百首』[26]である。同史料は、『天竺霊籤』に基づく百首の籤詩とそれら籤詩に対する和文の注釈である和解（わげ）（「わかい」と読む場合もある）とのみによって構成されている。跋によれば、同史料は「濃州大慈山小松寺之正本」に基づくものとされる。ただし、現在の岐阜県関市の小松寺で、その「正本」を確認することはできない。

第一の分節点は、この基本形としたものに挿絵が加えられた時点である。一番から百番までのそれぞれに挿絵が加えられた元三大師御籤本として、著者が確認しているものの中で最も成立時期が早いのは貞享元年（一六八四）刊の『元三大師百籤』[27]である。

第二の分節点は、各番号ごとに、籤詩から導き出された運勢判断についての注解が加えられた時点である。そうした元三大師御籤本として、著者が確認しているものの中で最も成立時期が早いと思われるのが貞享四年（一六八七）刊の『観音百籤占決諺解』[28]である。同史料における各番号ごとの運勢判断についての注解は、三つの部分によって構成されている。すなわち、その番号の運勢について総括が述べられた部分、失せもの、売買、訴訟などの事象ごとの吉凶について述べられている事象別判断とでも言うべき部分、武士には武士についての、町人には町人についての、百姓には百姓についての各々の職分ごとの運勢判断が述べられている職分別判断とでも言うべき部分の三つの部分によってである。[29]

第三の分節点は、元三大師御籤の祖型とも言える前述した『天竺霊籤』を復元するという意図によって、『観音籤註解』[30]（柱題「観音籤註」）が刊行された時点、すなわち元禄八年（一六九五）である。同史料の存在によって、不完全ながらも明本の『天竺霊籤』を窺い知ることができる。

第四の分節点が、享保十九年（一七三四）の『元三大師百籤和解』[31]の刊行である。同書は、元三大師御籤本の中でも特異な存在である。あるいは他の元三大師御籤本と一線を画して論ずべきものであるかもしれない。おそらくは僧侶専用の読解のための特殊な元三大師御籤本であったのではないかと考えられる。『元三大師百籤和解』の構成要素は、籤詩とそれに対する和解のみである。しかし、この和解が他の元三大師御籤本とは多くの点で異なっている。他の元三大師御籤本と際立って異なる点は、『元三大師百籤和解』が、きわめて頻繁に漢籍を引用し、それらを援用して籤詩を解釈しようとしている点である。

第五の分節点は、文化六年（一八〇九）の『元三大師御鬮諸抄』[32]の刊行である。この時、それまで踏襲されてきた注解の総括部分をはじめ、多くの部分が書き改められ、後世まで続く元三大師御籤本の新たな系譜が生まれることになる。

第六の分節点は、元三大師御籤本が大雑書に取り入れられた時点である。大雑書、中でも『天保新選永代大雑書萬暦大成』は家庭用生活百科全書とも言うべき書物であり、きわめて広範な読者層を得ていたと考えて間違いない。この『天保新選永代大雑書萬暦大成』の中に元三大師御籤本が収められることになったのである。

なお、本書の第五章において詳論するのが、この第五の分節点および第六の分節点の思想的意義に関してである。

第二節　注解による元三大師御籤本の類別

次に、これら元三大師御籤本について、この注解による類別を行ってみたい[33]。元三大師御籤本の多くには、それぞれの番号の五言四句の籤詩に基づく運勢についての注解が記されている。和漢の多くの古典がそうであるように、元三大師御籤本にあっても、注解によって系統を類別することができる。特に元三大師御籤本の場合は、わずかに二十文字の五言四句の籤詩から、運勢という捕えどころのないものを導き出すという飛躍がある。したがって、その注解の役割は極めて大きい。そう考えるならば、注解による類別は元三大師御籤本について考究してゆくための不可欠な基礎作業であると言うことができよう。

さて、注解による元三大師御籤本の類別に先立ち、まず元三大師御籤本について若干述べておかなくてはならない。元三大師御籤本では、一番から百番までの籤詩に対して、それぞれ和解および注解、挿絵が添えられている[34]。和解とは、籤詩に対する和文の語釈あるいは籤詩の和訳である、この和解は、著者が現在確認している限りでは、『観音籤註解』[35]を除く全ての元三大師御籤本に必ず記されている。しかし、注解と挿絵の有無に関しては、それぞれの元三大師御籤本によって様々である。

まず、注解の有無によって元三大師御籤本を大別してみたい。注解のないものとしては、寛文二年（一六六二）跋の『天竺霊感観音籤頌 百首』、貞享元年（一六八四）刊『元三大師百籤』、享保十九年（一七三四）刊『元三大師百籤和解』がある。これら元三大師御籤本のいずれにも注解は附されていないが、『天竺霊感観音籤頌 百首』が籤詩と和解のみによって構成されているのに対して、『元三大師百籤』には、籤詩と和解に加えて挿絵が添えられている。なお、『元三大師百籤和解』も籤詩と和解のみによって構成されており、挿絵はないが、『天竺霊感観音籤頌 百首』『元三大師百籤』、および他の多くの注解を有する元三大師御籤本とは、形式においても内容においても全く異なっている。他の元三大師御籤本の和解が簡略な語釈程度であるのに対して、『元三大師百籤和解』の和解は詳しく、時折、注解に類する判断が書き添えられていることもある。仏書や儒書からの援用も多い。『元三大師百籤和解』には注解も挿絵も無いが、注解の有無にかかわらず、他の多くの元三大師御籤本とは全く系統を異にする特殊なものであり、籤詩部分についての異同も多い。おそらくは僧侶の読解用として著わされたのではないかと考えられる。

なお、『元三大師百籤和解』の著者である忍鎧は、同書の中で『観音籤註解』を批判しつつも、参照していることが分かる。また、写本として伝わる『百籤指南』[36]は、『元三大師百籤和解』をやはり批判しつつも継承している。

次に注解を有する元三大師御籤本の類別についてであるが、それに先立ち、元三大師御籤本の注解の構成に関して若干の説明をしておかなければならない。元三大師御籤本の注解を詳細に見てゆくと、注解は大きく三つの部分から構成されていることが判る。

まず初めに、元三大師御籤本のいずれの注解にあっても、その番号の御籤についての総括が述べられ、総合判断とでも言うべきものが示されている部分がある。この部分を本書では仮に「総括部分」と呼ぶことにした。そして次に、事象別の吉凶判断とでも言おうか、失せもの、訴訟、売買、やづくり等々の具体的な事象に即した判断が述べられている部分が続く。この部分を仮に「事象別判断部分」と呼ぶことにした。更に、職業別あるいは社会的役割分担別の吉凶判断、つまり、武士には武士についての、出家には出家についての、商人には商人についての、職人には職人についての、百姓には百姓についての、それぞれの置かれている社会的立場に即しての判断が述べられている部分が続く。この部分を仮に「職分別判断部分」と呼ぶことにした。事象別判断部分と職分別判断部分は、元三大師御籤本によっては順序が入れ替わることもあり、また、一方が下巻として別冊となっている場合もあり、時には一方が省略されてしまっていることもある。これに対して、総括部分が省略されることは決して無く、必ず注解の冒頭に置かれている。

この注解の総括部分に注目してみると、元三大師御籤本の発展過程で二度の大きな変移があることに気づくのである。つまり、注解の総括部分の変移に即して、注解を有する元三大師御籤本は三つの系統に類別することができるのである。

一度目の変移以前の注解をもつ元三大師御籤本の系統を、本書では便宜的にA系統の元三大師御籤本とし、一度目の変移後の注解を持つ元三大師御籤本の系統をB系統の元三大師御籤本とし、二度目の変移後の注解を持つ元三大師御籤本の系統をC系統の元三大師御籤本としてみたい。

A系統・B系統・C系統の元三大師御籤本について、それぞれの中で最も成立が早いものを挙げるならば、A系統については貞享四年（一六八七）刊の『観音百籤占決諺解』、B系統については文化六年（一八〇九）刊の

『元三大師御鬮諸鈔』、C系統については嘉永六年（一八五三）刊の『元三大師御鬮絵鈔』[37]である。なお、C系統の元三大師御籤本の注解は、『天保新選永代大雑書萬暦大成』に合刻された元三大師御籤本においても既に用いられている注解である。

さて、これまで元三大師御籤本の注解の総括部分には、二度の大きな変移があり、その変移に即して、元三大師御籤本が、A系統・B系統・C系統に類別できるということについて述べてきたが、このことは、これまでの先行研究において一切指摘されてこなかったことであり、また、本書における考察の根幹となることであるため、その注解の一番から百番までの総括部分の変移の一覧をここに示すことにする。

一番

Ａ　此みぐしにあひたる人は、てんとうをしんして吉、日待、月待、かうしんなどまつべし

Ｂ　此みくじにあふ人は、ゐせいつよく、万人にたつとまるるなり、天道をしんじ、日待、月待、かうしん待などしていよいよ吉

Ｃ　此みくじにあふ人は、威勢つよく、万人にたつとまるるなり、天道を信じ、月待、日まち、庚申まちなどせは、いよいよよし

二番

Ａ　此みくしにあたる人は、しんめいをいのりて吉

Ｂ　此みくじにあふ人は、何事もはじめは心のままならずとも、神明をいのり、時せつを待は、後には悦にあ

ふべし

C　此みくじにあふ人は、何事も初は心にまかせず、物のさまたげあれば、おもふにまかせずといへども、神仏をいのり、時節をまてば、後には悦びにあふべし

三番

A　此みくしにあひたる人は、てんとうをしんじ、八まんをいのりてよし

B　此みくじは、賢者も時にあはず、志をうしなへるかたち也、天道をしんじ、八まんをいのりてよし

C　此みくじにあふ人は、賢者も時にあはぬかたちにて、とかく身のさまたげする人おほく、物事おもひたちても成就せず、しんぱい多きていなり、神仏を祈り、気ながく時節をまたば、末にては運ひらくなり、性急にもの事することなかれ

四番

A　此みぐしにあいたる人は、八まん、しんめい、てんとうをしんじてよし

B　此みくじにあふ人は、龍の渕にかくれて、天上のじせつをまつかことし、人もりつしん出世の気ざし有、八まん、神明をしんじてよし

C　此みくじにあふ人は、龍の渕にかくれて天上の時節を今や今やと待が如し、武士は大いに立身の望みあれども未だ時きたらず、されとも後には心のことく出世すべし、町人農人も大いなるのぞみあるなり、事をせくべからず、急性にせば災にあふべし

五番

A　此みくじにあひたる人は、天道をいのり、日まち、月まち、しんめい、八まん、くはんおんなとしんしてよし

B　此みくじにあふ人は、かんなんくらうたへず、信心、陰徳の力にあらざれば、叶がたし、天道を祈り、神明、八まん、観音を念じて吉

C　此みくじにあふ人は、とかく運気かひなく、かんなん、くらうたえず、家業の事につきたひたひ損失ありて、物事くひちがひがちなり、されども気をくさらさず、神仏を信心して、運のひらくを待べし、さまざまと商売がへなどして、あせるほどわろし、大事の場なれば、ただ冬の草の春をまつごとく、しんばうすべき也

六番

A　此みくしにあたる人は、七夜まち、かうしんまち、大はんにやしんぎやうのひけんなくよみてよし

B　此みくじにあふ人は、たとへば道にふみまよひ、後、本道へ出るがごとし、七夜まち、庚申まち、大はんにやひけんなどよみてよし

C　此みくじにあふ人は、たとへば道にふみ迷ひ、後に本道へ出るが如く、はじめはいたつてあしく、金銀の損失あるか、又は我身妻子など、病気にてなやむか、万事おもふにまかせず、心うろうろして、なすほどの事まちがひ多し、されども、費をはぶき、家業に精をいだし、神仏を祈ば、末は禍きえて、福きたるべきなり

七番

Ａ　此みくしにあたる人は、天道をしんして吉、日まち、月まちをしてよし

Ｂ　此みくじにあふ人は、鳥のつばさをうしなへるがごとし、天道をしんじ、日まち、月まちをして吉

Ｃ　此みくじにあふ人は、鳥のつばさをぬはれしごとく、おもふ事をなさんといろいろ工夫はすれど、さまたげ有て、のぞみ事かなはず、それゆへ又しあんをしかへて仕てみれども、いよいよねがひごとなとかなはず、いまた運のきたらぬなり

八番

Ａ　此みくじにあたる人は、天道をいのり、しんめい、八まんをしんして吉

Ｂ　此みくじにあふ人は、順風に帆をあぐるがごとし、しんめいをうやまひ、しんじていよいよ吉

Ｃ　此みくじにあふ人は、すでに運ひらき、たとへば帆を上たる船の追風を得たるが如く、おもひ事おのづからかなひ、家業はんじやうし、おもひがけなき利得あるべし、されども、運気よきとおもひ、ゆだんの心、またはおごりの心あらば、却てわざはひあり、つつむべし

九番

Ａ　此みぐしにあいたる人は、天道をしんしてよし

Ｂ　此みくじにあふ人は、龍、天上の時を得たるがことし、天道を信じて、いよいよよし

Ｃ　此みくじにあふ人は、竜の天にのぼるときを得たるがごとく、是までしんぼうせしかひありて、芸ある人

は名をあげ、商人は家業はんじやうの時きたり、目上の人のひきたてにて、何事もおもふやうになる運也、かやうによきときは、いよいよ身をつつしまざれば、さかりの花の風にちり満月かけるうれひ有と心得べし

十番

A　此みくしにあたる人は、としかみをいのり、へんざいてんしんしてよし

B　此みくじにあふ人は、豹変して虎となるがごとし、とし神を祈り、弁才天を信じて吉

C　此みくじにあふ人は、是まではおもひ事叶はざりしが、此頃運なほり、仕合よくなるなり、商人、職人はこれまでの家業をかへ、しんきの商売をすれば、大に利得あるなり、此人生得大なる心ざしありて、名をあぐるか、身上をしあげるか、いづれいきほひさかんなり

十一番

A　此みくじにあひたる人は、天道をしんし、くわんおんをしんしてよし

B　此みくじにあふ人は、鶴、九皐に鳴て、其聲、埜に聞ゆといふがことし、名誉かくれなきかたち也、されどもこくうに矢をはなちたるはぜひに落る期あるへし、天道、観音を信じ、つつしまば、兼て貴人のたすけにあふべし

C　此みくじにあふ人は、たとえば鶴の野沢にてなく声も天にきこゆるごとく、芸ある人は名を遠近にしられ、武士は知行をまし、商人は利を得て、するほどの事おもふ図にあたり、目上の人の引立にあひて、はんじ

やうする運なり、されども、雲へはなちし箭の、いつまでも天にあるべきやうにあらず、つひいは落るときあれば、随分つつしみ、物事九分めにしてとどまるべし

十二番

A　此みくしにあふ人は、とし神をまつり、大こく、べんざい天などしんしてよし

B　此みくしにあふ人は、艸木の春にあふて、花さき、実がことし、人もりつしん出世のよろこびありとす、大こく、べん天をしんじてよし

C　此みくじにあふ人は、草木の春にあふて芽を出し花のさくごとく、是までしんぱいせし事も、いつしかよろこびとかはり、立身出世の運にむきたり、されども、事を性急にすれば、手にとるやうの福も手にとられぬ事あり、ゆるゆると事をなし、身のおこなひ正しければ、追々よき事かさなるなり

十三番

A　此みくしにあふ人は、天道をまつり、とし神をしんじてよし

B　此みくじにあふ人は、りつしんしゆつせ心のままなり、しかれども常人には位まけのこころあり、天道をしんじ、年神をまつりてよし

C　此みくじにあふ人は、武士出家などは大いに位を進み、加増を得る、其余の人は、あまり吉すきて、位まけするみくじなれば、おごり高ぶる心をつつしみ、人にへりくだり、家業に精をいださば、枯えだに葉を生じ、花実のなるごとく、おひおひに悦び事多かるべし、くものかけはしにのぼるといふ句にて、およば

ぬ望みをおこさば、大なるわざはひにあふなり、慎むべし

十四番

A　此みくしにあふ人は、天道をいのり、しんめいをしんしてよし

B　此みくじにあふ人は、山を堀て金を得るがごとく、はじめ、くらうあれども、後仕合よし、天道をうやまひ、神明をしんじてよし

C　此みくじににあふ人は、才智芸能あれども、いまた運気ひらかず、人にも用ひられず、心中うれひかなしむていなり、されども、辛抱つよきゆへ、追々に運もひらき、名も世間へきこえて、人にもちひられ、立身出世のつなにとりつきしていも見ゆ、よくよく身もち正しく、信心せば、末大によし

十五番

A　此みくじにあふ人は、くわんおんしんし、べんざい天いのりてよし

B　此みくじにあふ人は、宝を載て、船をくつがへすがごとく、難義困窮のかたちなり、観音、辨財天をいのりてよし

C　此みくじにあふ人は、家財をふねにつみ、その船くつかへりしごとく、たびたび損失うちつつき、妻子下人にもはなれるばかりに、困窮するかたち也、是まで運にまかせ、金銀を無益の事についやし、盛の花雨風のために散しぼむがごとし、身をつつしみ、行ひ正しからずは、大事におよぶべし

十六番

Ａ　此みくしにあふ人は、天道をまつり、日まち、月まちしてよし

Ｂ　此みくじにあふ人は、心正しければ、立身の時を得たりとす、心だてあしき人はかへつて事のあらはるるきざし也、天道をまつり、日待、月待してよし

Ｃ　此みくじにあふ人は、運気ひらき、武士は知行まし、出家は官位すすみ、町人農人などは身上栄よろこび事多かるべし、されとも、我より下の人になれしたしまば、そんしつおほし、只目上の人のさしづにしたがひ、自己のりやうけんを出さず、身もち正しく、信心すれば、いよいよさかへるなり

十七番

Ａ　此みくしにあふ人は、天道をいのり、くはんおんしんかうしてよし

Ｂ　此みくじにあふ人は、何叓も、ひかへてよし、強て叓をおこせば、もがきびんぼうと云かたち也、天道をいのり、観音をしんじて吉

Ｃ　此みくじにあふ人は、運気かひなく、病気づくか、あるひは損失うちつつき、苦労たへず、前にせし損失を入あはさんとて、あきなひ等をはでにして、ふたたび大いなる損失をし、いよいよ心労かさなり、気ばらしに遊所あそびなどして、末にてはあしき分別出来り、身上たもちがたきにいたる也、よくよくつつしみ、時節のきたるを待べし

十八番

Ａ　此みくしにあふ人は、しんめいをいのり、大こく、べんざいてんしんしてよし

Ｂ　此みくじにあふ人は、万事旧きをあらため、新しきにつくによろし、神明をうやまひ、大こく、べん天を念じて吉

Ｃ　此みくじにあふ人は、是までは諸事苦労多かりしか、よふよふ運ひらき、これよりは何をなしてもおもふやうになる運なり、但し、商売などかへてはんじやうすべし、されども先祖よりつたはる家業をかゆるはあしく、何分是までの仕法にあしき事ありと見ゑたり、そのあしき仕法をかゆれば、金銀財宝おのづからあるまるべし

十九番

Ａ　此みくしにあふ人、天道をいのり、日待、月まち、しんめいをまつりてよし

Ｂ　此みくじにあふ人は、物叓、かんにんをもつはらにすべし、しからざれは、思ひよらざるさはり出来て、思ふ事、末とげず、神明をいのりてよし

Ｃ　此みくじにあふは、とかく家業、或は職分につきてさまたげするものありて、はかばかしからず、又は目上などに意地のわるき人ありて、ささへこささへいひ迷惑なるかたちなり、しかれども親族の力によりて、おひおひさはりもはらひ、運のひらくみちすじ立たり、神仏をいのり、身のおこなひ正直正道ならば、しだいに福を得べし

二十番

A　此みくしにあふ人は、天道をまつり、万事しんりきなるがよし

B　此みくじにあふ人は、くらきよりあかきにいづるかたちなれは、もつはら悦をつかさどるみくじ也、天道をまつり、信心あれば、ますます吉也

C　此みくじにあふ人は、暗夜に月の出たる如く、今までの苦労心配もさりて、今は力になる目上など出来り、家業もおひおひはんじやうするやうになりゆくなり、されども、少し運気なほりしとて、それをたのみに奢ほしいままなれば、手のうらかへすが如く、もとの困窮にかへるべし、よくよくつつしみ、身のおこなひを正しくすべし

二十一番

A　此みくしにあふ人は、しんめいをいのり、天道をしんしてよし

B　此みくじにあふ人は、寒尽て、春をむかふるがごとく、悪をあらため善にすすむなり、此心なき時はかへつて大悪となる、天道を信ずべし

C　此みくじにあふ人は、古衣を濯ぎて清くするごとく、今までの不仕合はさりて、だんだん仕合のなほるかたちなり、されどもまへまへの仕合あしく、なんぎなりしときの事をわすれず、いよいよ身の行ひ正しくせば、おひおひ吉事来り、ゆくすゑは安楽なる身の上となるべし

二十二番

A　此みくしにあふ人は、天道をしんし、神明をいのりてよし

B　此みくじも、大てい前に同じ心也、万事気みじかにする事悪し、よくよくしあんをねりてよし、神明を祈て吉なり

C　此みくじにあふ人は、月の前の雲の風にちるがごとく、今までは人のさまたげ、又は身の運あしく、物事くひちがひてあしかりしも、よふよふ運ひらき時きたりて、世に出、おひおひに家業はんじやうするかたち也、時節にては少々凶事にても却て吉事となるほどの盛運なり、されども万事ひかへめにつつしむべし

二十三番

A　此みくしにあふ人は、天道をしんじ、日待、月待、くはんおんしんしてよし

B　此みくじにあふ人は、心正直なれば、望事成じゆする也、少も曲心あれば、叶がたし、第二句の心箭に少も狂ひあれば、それて中らぬ也、又足ことをしらず、かつに乗事、皆つつしむべし、観音を念じて吉

C　此みくじにあふ人は、運気ひらきて、吉事にむかふといへども、いまだ十分に物事成就しがたし、しかるを時もまたず、大いなる望みをおこせば、却て身の害をまねき後悔する事多し、ただたる事をしりて心正直につとめはげまば、末はんじやうすべし

二十四番

A　此みくしにあふ人は、天道をいのり、くはんおんしんしてよし

B　此みくじにあふ人は、物事に障ありて、思ふ事の通じがたき意也、されども慎ふかく、誠をつくし、心ながくせは、終には本望を遂べし、是は第二句の未通の義、後通ずる意あり、観音を信じてよし

C　此みくじにあふ人は、沓をはきながら足をかくがごとく、物事へだてありて通じがたし、それをつうぜんと詞をつくし、さまざまうれひもだゆれども、とかく人のさまたげつよくして、いよいよ通ぜず、されどもいまだつうぜずといふ句によりて判断すれば、後には叶ふこころあり、さればゆるゆると時節を待てよし、但し、女難の事あるべし、つつしみてよし

二十五番

A　此みくしにあふ人は、年神をまつり、日まち、月まちよし

B　此みくじにあふ人は、目上より引立られ仕合よし、されども、自身の我意を立る時は悪し、第三の句を味ふべし、年神をまつりてよし

C　此みくじにあふ人は、是まで冬枯れの木の霜雪をいたむがごとく、かんなんくらうのみせしが、今時節きたりて枯たる木のはるにあふがことく、よろこびのめを出し、行さきは花さくたのしみきたり、仕合なほりしうへ、目上の人の引立にあふて立身出世し、武士は官禄をまし、町人はしんしやうはんじやうする時にあへり、いよいよ身のおこなひ正しく、信心ふかければ、何事も心のままにはんじやうする運なり

二十六番

A　此みくしにあふ人は、正八まん、千手くはんおんしんしてよし

B　此みくじにあふ人は、大事なり、心得一つにて、善事も悪と成、悪き吏も吉事となるなり、物事ゆだんすべからず、八幡、せんじゆくわんおんを信ずべし

C　此みくじにあふ人は、心得やうによりて、善事も悪事となり、又あしき事も吉事となるなり、運気のつよきにまかせ、万高ぶりおごる心あれば、損失おほくしだいにおとろへなんぎの身となる、又心正しく、物事倹約を守り、家業に精を出すときは、おひおひに家はんじやうし、金銀財宝おのづから聚りきたるなり、よくよく慎むべし

二十七番

A　此みくしにあふ人は、天道をいのり、日まち、月まち、かうしん待して吉

B　此みくじにあふ人は、憂散じて、よろこびにむかふなり、日待、月まち、かうしんまちしてよし

C　此みくじにあふ人は、出世のときゝたりて、是より後はおもひ事叶ふ運なり、されどもたやすく金銀財宝は得がたし、なん所の山をいくつもこゆることく身をこらしはたらかば、しぜんに福を得るなり、されども今の身の上は、むら雲の中をはなれて光を見する月のごとく、心にゆだんあらば、またまた雲かかりて、月のかくるごとく身に不時のわつらひあり、つつしむ

二十八番

A　此みくしにあふ人は、うぢ神をいのり、くはんおんしんじてよし

B　此みくじにあふ人は、万事進むに悪し、たびに出て、川止にあふたる意也、物をあらためはじむる事、皆凶なり、心ながく、時節を待て行ふべし、うぢ神を祭り、観音を信ずべし

C　此みくじにあふ人は、万事すすんで物事をせんとすれば、大いにあしし、急ぎの旅に川どめにあひし如く、

しぜんと川のあく時節をまつやうに心ながく見合すべし、又新奇の事にとりかかり、そんしつなどおほくば、はやく其事をやまて、下地の家業にかへるがよし、しからざれば身上はめつにも及ふべし、万事の事皆此だうりにて、ひかへめにすればわざはひなし

二十九番

A　此みくしにあふ人、正八まんいのり、くはんおんしんしてよし

B　此みくじにあふ人は、病夫の起がごとく、一日一日となやみとけ、よろこびにあふべし、しかれども、始終の處人に従ふて、力を得べし、八まん、くわんおんを信じて吉

C　此みくじにあふ人は、病人の日起がごとく、一日一日運気なほり、悦び事追々にきたる也、されども自己の心まかせにせず、分別ある人か、または目上の人のさしづにしたがひ身をおしまず、かせぎはたらかば、財宝あつまり、芸者は名をあげ、奉公をのそむ人はよき主どりして出世すべし

三十番

A　此みくしにあふ人は、天道をいのり、くはんおんをしんしてよし

B　此みくじにあふ人は、物事ひかへめにして、つつしむべし、ややもすれば、人にだまさるる事有べし、家内の取じめをよくすべし、くわんおんを信じてよし

C　此みくじにあふ人は、運気かひなく、眼前に出世すべき事か、又は財宝をまうくる事見えながら、ちからおよばず、其上前にもなんぎの事あり、後にもしんぱいの事ありて、身安からず、親るい妻子の事につき

ても心づかひたえず、よくよくつつしみて、迚もおよばぬ望みをかけんよりは、心しづかに時節をまつかたよかるべし、しひて望をとげんとすれば、身あやふし

三十一番

A　此みくしにあふ人は、天道をまつり、しんめいをいのりてよし

B　此みくじにあふ人、始思ふ事叶がたく、後仕合よし、何事も、急にするは悪く、心しづかに時節を待て、後大によし、神明をいのりて吉

C　此みくじにあふ人は、人にすぐれし芸能また智恵あれども、いまだ時きたらず、何事も急にするはよろしからず、心ながく信心堅固にして、時節をまたば大いに出世の期きたり、名をあげ、身をたて、諸人のうらやまるる身となるべし、されども性急にすれば却て身の害を引出し出世のつなもきれる事あり、よくよくつつしむべし

三十二番

A　此みくしにあふ人は、天道をいのり、くわんおんしんしてよし

B　此みくじにあふ人は、学者出家などはよき師にあふて、其身の徳もあらはるべし、俗人はよき人を抱る歟、又は人の引立によつて、仕合あるべし、何れも始苦労ありて、後よし、くわんおんを信ずへし

C　此みくじにあふ人は、学者出家などはほどなくよき師匠よき主人にあふて、立身出世するなり、但し、急には出世しがたし、俗人はよき奉公人をもとむるか、または目上の人の引立にあひて仕合よき身となるべ

し、されどもいづれもはじめ苦労多く、後に安楽なる運気なれば、物事かるはづみにするは、よろしからず、身持正しく、神仏を信じ時の来るを待べし

三十三番

A　此みくしにあふ人は、とし神をいのり、天道をしんしてよし

B　此みくじにあふ人は、思はぬ方よりたすけを得て仕合よし、とし神を信し、天道をうやまひて、なをなをよし

C　此みくじにあふ人は、智恵学力、又は芸能ありながら今までは運気ひらかす、たとへばよき刀の古金の中にまじりたるごとくなりしが、今運気ひらけ人に用ひられて、ばんじ心の如く立身出世する期きたりたり、商人ならばこれまでたびたびの損失も是からは利を得て、今までの損失を入合し、家業はんじやうの時節にむきたるなり

三十四番

A　此みくしにあふ人は、天道をまつり、日まち、月まち、とし神を祈てよし

B　此みくじにあふ人は、古きを改め、新に事をはじむるによし、天道をあがめ、とし神をまつりてよし

C　此みくじにあふ人は、古きあらためて、新き事をなしはじむるによし、運気はすでにひらく時節にむきたれども、いまだ十分よしといふにはあらず、物事性急にしてはとどのひがたし、心いそがず、よくよく身をつつしみ、正直をまもりて、万事をなしてよし、もし邪なる事をなさば、是より運気かたむき身をほろ

ぼすにいたる、万事善悪はうらはらなるものなり

三十五番

A　此みくしにあふ人は、くわんおんしんじてよし

B　此みくじにあふ人は、物ごと急にする事凶し、よき人にしたがひ、其をしへを守り功をつみて、後大きに仕合すべし、少も我意につのり、気みじかく、よこしまなる心あらば、さんざんに凶しとしるべし、観音をしんじて吉

C　此みくじにあふ人は、智恵分別あるよき人の教にしたがひ、身をはけまして、善事をおこなはば、武家出家は末大いに出世し、老後には万人に仰ぎ尊まるる身となるべし、俗人は我よりかしこき人のさしづにしたがひはげみかせがば、財宝おひおひに聚るなり、されども少しにても邪なる心あるに、心みぢかく我意にまかせて、事を性急にせば、さんさん不仕合となるべし、よくよくつつしみてよし

三十六番

A　此みくじにあふ人は、天道をいのり、七よまちなとしてよし

B　此みくじにあふ人は、物尽て、又はじまるかたちなれば、願望は叶ふべし、急にする事よろしからず、そろそろとするに吉、とにかく短気をつつしむべし、天道をいのり、七夜待してよし

C　此みくじにあふ人は、当時は運命かひなく、物事はかどらされども、末にては運ひらきて、大に利とくを得なり、物きはまりて、又新になる運なれば、願ごとなども後にはかなふ、何分当時はさはりあれば、つ

つしみ退くかたよし、あしき友だちのすすめ、又は女難などを防ぐべし、我儘短気に物事をなさば大にわろし、心正直にて気ながく待べし

三十七番

A　此みくしにあふ人は、天道をいのり、くはんおんをしんしてよし

B　此みくじにあふ人ははじめは、物事思ふやうにならねども、中頃よりへんじて、末は大きに仕合よし、天道をいのり、観音を信じてよし

C　此みくじにあふ人は、いまだ夜の明ざるそらの如く、うれひもたゆる事のみおほく、望み事をおこせども、おもふやうに叶はず、不仕合つづきて、世にうづもれ、物おもひたへず、されども終には運のひらくとき来りて、かなしみも悦びと変じ、禍も福となる身となるべし、草木の生出んとするときは、土をうがちやぶるの苦労あるが如し、心ながく時節をまたば、末大に出世すべし

三十八番

A　此みくしにあふ人は、天道をまつり、くわんおんしんじてよし

B　此みくじにあふ人は、万事つつしみふかくすべし、さいなん多きをつかさどる也、天道を祭り、観音をしんじて吉

C　此みくじにあふ人は、今までは万事おもふやうになりて、仕合もよかりしに、おひおひとあしきことうちつづき、親は子に別るるか、妻は夫にさらるるか、いづれはなればなれになるるか、かなしみ来るなり、も

しさもなくとも金銀に付損失など出来りてうれひなけく事多し、よくよくつつしみ神仏を祈て、善事を行ひ、身の禍をはらふべし、我慢にて事を好まば、其身危かるべし

三十九番

A　此みくしにあふ人は天道をいのり、しんめい、あたこなとしんして吉

B　此みくじにあふ人は、万吏我たのみにおもふものにうらぎりせらるるかたちなり、ゆだんすべからず、又火事ぬす人の用心すべし、神明、あたごをしんじて吉

C　此みくじにあふ人は、運気はなはだあしく、のぞみ事あれどもかなひがたく、腹心の下人あるひは友だちも心がはりするくらひの不仕合にて、あしき事度かさなる運なり、よくよく神仏をねんじ、心正直に、何事もつつしみひかへ、時節をまつべし、もし短気にまかせ事をなさば火災または盗難にあふか、身代たちがたきほどの損失すべし、誠に一大事のときなり

四十番

A　此みくしにあふ人は、天道をいのり、くわんおんしんじてよし

B　此みくじは、甚むつかしきかたちなり、故いかんとなれば、ややもすれば、人にたぶらかされて、難にあふ、又これを救んと世話する人あるべし、我ために毒となる人と、薬となる人と有、此目利至てむつかし、能々つつしむべきなり、観音をしんじて吉

C　此みくじにあふ人は、心かるはづみに動き、えてはよからぬ人にそそのかされ、身をあやまる事多し、又

よき事をすすむる人の詞にもつく性なり、とかく女色あるひは遊技にふけりて散財する事をつつしみ、中正の心とて物にかたよらず、心正直に道をまもらば、末にては果報よき身の上ともなるべし、よき友とあしき友との目利が大事なり、何事もかしこき人に問べし

四十一番

A　此みくしにあふ人は、天道をいのり、七よまちしてよし

B　此みくじにあふ人は、物事はじめ思ふやうになく、中頃いたつてくらう多く、後には安堵の思ひあれ共、前のかんなんにくらべては吉なり、十分にはあらざるべし、足ことをしつて、安らかにすへし、天道を祈て吉

C　此みくじにあふ人は、とかく運気かひなく、手にとれそふなこともはづれはづれし、その上損失の事のみおほく、住所につきてもいろいろの災難きたり、心労すること多き運なり、ひたすら神仏を祈りて、誠の心をつくし、善根ほどこしをなし、万事の望みをやめて慎み守らば、末にては繁昌すべし、不信心にて貪慾ならば、殃ひたちまち身におよぶべし

四十二番

A　此みくしにあふ人は、とし神をまつり、天道をいのりてよし

B　此みくじにあふ人は、農業の時を得て、種をまき、苗を植るがことく、新に事を始るによし、とし神をまつり、天道をいのりてよし

C　此みくじにあふ人は、農人の時をかんがへ、種をまき苗を植るがごとく、あらたなる事をなし、はじむるによし、或は旅商ひなど遠く往て利をはかるによし、尤我より目上の人の教にしたがひ、万事をなせば、あしきことも吉事と変じ、おもふままに立身出世の出来る運なり、されども、吉のみたのみて、万ほしいままにふるまひ、主親のいさめに順がはずば、却て大にわろし

四十三番

A　此みくしにあふ人は、天道をまつり、くわんおんしんしてよし

B　此みくじにあふ人は、よろこびをつかさどる吉くじなれとも、身を高ぶり、まん心あれば、思ふ叓皆たがひて、わざはひおこる、身をへりくだり、誠あつき時は、貴人目上の引立にて、思はざるさいはひ来る、へりくだるとは、こびへつらふ事にはあらず、弁べし、天道をまつりて吉

C　此みくじにあふ人は、すでに運気七八分はひらきたり、されどもいまだ十分に望事は叶がたし、すでに出世のたね目には見えて有ながら、いまだ手にはとらず、身をつつしみ、行ひ正しく、倹約を守らば、主人か上役なぞの助力引立によつて立身出世し、追々福来るべし、されども事を急ぎ、たんりよ粗忽のふるまひせば、却て身の害を引出す也、慎むべし

四十四番

A　此みくしにあふ人は、日まち、月まち、くはんおんをしんじてよし

B　此みくじにあふ人は、始は心つかひ、苦労あれ共、後はよし、惣じて、物事先ずるに利あり、後るる時は

C　利あらす、日待、月待、観音を信じてよし
　此みくじにあふ人は、はじめは心づかひあれとも、後はよし、物事手おくれにならぬやう、人より先んずるに理あり、しかれども分別もなく性急にするはわろし、たとへば碁を囲がごとく、よくよく工夫して先手をうたば勝となる、また先に打ともむだ石は却て負の碁となる也、此理をわきまへ、物事目さきではたらき大事なり、神仏の力を願ひかりて、万事を成就すべし

四十五番
A　此みくしにあふ人は、天道をまつり、しんめいをいのりてよし
B　此みくじにあふ人は、物事十分のかたちなり、十分はかくるはしなり、万事つつしみてひかへめにすれば、ますますよし、神めいをいのりて吉
C　此みくじにあふ人は大いなる望事ありて、目の前に見なから、いまだ自己の力にては成就なしがたき運なり、依て心正しく王法を守り、主人親師匠などによくつかへなば、目上のかげにて望事かなひ、武士学者出家などは立身して名をあらはし、俗人は金銭財宝を得て身しやう富さかへ、人にうらやまるる身となるべし、慎みはげみてよし

四十六番
A　此みくじにあふ人は、日月をいのり、くわんおんしんじてよし
B　此みくじにあふ人は、賢人も時にあはざるかたち也、我才智をもつて、世に交らんとすれば、かへつて世

Ｃ　間より悪みをうけ、わざはひを生すべし、天道をいのり、くわんおんを信じてよし
此みくじにあふ人は、賢人も時にあはざるかたちなり、我知恵をもつて世にまじはらんとすれば、却て世間の人のにくみをうけ、殃きたるべし、されば此みくじの句のごとく、独門を閉て学問するごとく、何事も時節の来るまで慎みひかへ、無理なる望をおこさず身を安んじて、心やすく世をおくるべし、しひて世に交らんとして大難にあふ事なかれ

四十七番

Ａ　此みくしにあふ人は、天道をいのり、日月をしんしんしてよし

Ｂ　此みくじにあふ人は、万事始めは思ふやうになきすがたなれども、後おもひの外むかふより吉事をもつて来る象なり、天道をいのりてよし

Ｃ　此みくじにあふ人は、万事望事叶ふ運なれども、はやくは成就せず、いろいろ身をこらして、武士ならば忠義をはげみ、芸能の人はそのけいをはげみならひ、俗人は家業を一心につとめ、少しもゆだんなく誠をつくして、志をはげまさば、末にてば望み事おのづから叶ひ身を立身上はんじやうするなり、短気ならば望み事かなはすとしるべし

四十八番

Ａ　此みくしにあふ人は、天道をいのり、くわんおんしんしてよし

Ｂ　此みくじにあふ人は、はじめは、何事も前に邪广ありて、目に見ながら手にとれす、後に人のたすけを得

て、物ごと成就するなり、観音を信して吉

C　此みくじにあふ人は、はじめは望み事なども妨ありて、目に見れども手にはとりがたし、それを心みじかく叶へんとあせれども、望み事叶はぬのみならず大いなる身の害をまねくなり、只家業に精を出し、誠を尽して神仏を祈り、時節をまたばおのづから望みかなふ時来るなり、三の句四の句の心をよくよくおもひわきまふべし。

四十九番

A　此みくしにあふ人は、天道をしんし、日待、月待してよし

B　此みくじにあふ人は、万事十分のかたちなり、十ぶんはこぼるる道理なれは、物事ひかえめにしてよし、天道を信じ、日待、月まちしてよし

C　此みくじにあふ人は、万事十分にて少しのおもひもなく、誠に安楽の身の上なり、されども花十分に咲満ては散やすく、月十分円なれは虧ならひ、人も物事十分になれば、憂事生ずるならひなれば、表は吉なれども裏は凶なり、よくよく身をつつしみ、物事ひかへめにして高ぶる心なく、神仏を念ずべし、然らざれば、災ひたちまち来る也、おそるべしおそるべし

五十番

A　此みくじにあふ人は、天道いのり、べんざいてん、くわんおんなどしんして吉

B　此みくじにあふ人は、物事あらためかゆるによし、はじめは少しくらうのかたちあれども、次第によく人

Ｃ　のたすけありとす、弁才天、くわんおんを信じてよし
Ｃ　此みくじにあふ人は、是までの思はくを立かへ、あらたに物をしはじむるによし、さればとて先祖よりうけたる家職をかゆるにはあらず、心の思はくを立かへる事也、是までおもひ立し事はとかくによろしからず、尤今急に立かへるは難儀なる事もあるべけれども、それを思ひきりて立かへてよし、出商ひ、旅商ひなとに利ある運なり、何分油断なくば行末よろしき運なり

五十一番
Ａ　此みくしにあふ人は、天道をいのり、くわんおんしんしてよし
Ｂ　此みくじにあふ人は、りつしん出世ありとす、たとへば、山に登るがごとく、其身の根気相応の出世あるべし、一町登れば一町の高さ、十町のぼれば十町の高き位に登る、とかくたいくつなくくらうして登れば、つひに小高き峯にも至る也、観音を信じてよし
Ｃ　此みくじにあふ人は、何事にても人にかはりたる望事ありて、いろいろ心配気苦労あるかたち也、心を屈せず、いよいよ身を慎みつとめはげまば、終には望み叶ふ時節来り、よき身の上となるべし、其身の根次第にて、望事かなふと叶はぬとあり、たとへば高き山にのぼるが如く、休み休みゆきても油断なければ登りとげる也、初足はやくとも根気なければ、半途より又下ると同じ事也。

五十二番
Ａ　此みくしにあふ人は、天道をいのり、くはんおんをしんしてよし

B　此みくじにあふ人は、つねにくらうたへず、又我心得ちがひよりして、くじさた、目うへのさはりと成事あるべし、されども、つつしみふかく、信をとらば、人のたすけを得、無なんなるべし、天道、くわんおんを念すべし

C　此みくじにあふ人は、運気はなはたあしく、たとへでいはば身に過り有て、人より訴られ、その上また心得ちがひの事ありて、重々難儀心配するごとし、よくよく身を慎み、物事さしひかへ、人よりむたいなる事をいひかけるとも、じつとこらへ神仏を信心し、身の行ひ正しければ、おもはぬ人の助をうけて、後々は心配事もしだいにおさまるかたち也、短気不心得ならば大いに災ひあるべし、能慎みてよし

五十三番

A　此みくじにあふ人は、天道をいのり、日まち、月まち、大こくなとしんして吉

B　此みくじにあふ人は、春風に氷のとくるがごとく、今まで困窮艱難せしも、漸まぬがれ、よろこびにあふかたちなり、日待、月待、又大黒天を信じて吉

C　此みくじにあふ人は、是まではさまざま艱難しする程の事むだぼねとなりて、はかどらざりしに、此ごろにいたりて、よふよふ運気なほり、春風に氷のとくることく困窮かんなんせしことも次第にとけて悦びごと来るていなり、いよいよ身を慎み家職を大事にかけて怠りなくば、官長の引たてにあひてしだいに仕合せよかるべし

五十四番

Ａ　此みくじにあふ人は、天道をいのり、日まち、月まちしてよし

Ｂ　此みくじにあふ人は、何事も、心のままならず、又家内親類不和合のかたち也、万事急に埒明んとする事悪し、とかく物事堪忍して、人とむつまじくして、時の至るを待べし、天道を祈てよし

Ｃ　此みくじにあふ人は、運気かひなく、何事も心にまかせず、心むらむらとかはる性にて、妻子けんぞく又は朋友とも心合ず、手にとれそふなることも取はづし、家督にはなれ難儀困窮し、あとへもさきへも往がたきかたちなり、然れどもよくたへしのび、心を善にかため、人と和らぎなじはるときは、風に雲のちるごとく、次第に仕合なほるべし、さもなくば身上破滅の大事あるべし

五十五番

Ａ　此みくしにあふ人は、天道をいのり、しんめいをしんしてよし

Ｂ　此みくじにあふ人は、心正直なる人は、万願望成就するなり、かだましき心をもつ人は、物事さはり多く、さいなん来るべし、神明を祈てよし

Ｃ　此みくしにあふ人は、是までのうれひさまたげ事みなさりて、再び運気ひらき、武士出家などは官禄すみ、名をあらはし、俗人は損失いれあひ、家業又はんじやうし、少々のことは苦にならぬ身代となり、子孫のさかへ見るかたちなり、されども心正しからぬ人は、月に雲のかかるがごとく、やがて又うれひ来るべし、よくよく慎み正直を守り、はげみかせがは、大いに発立すべし

五十六番

A　此みくしにあふ人は、くわんおんふかくしんじてよし

B　此みくじにあふ人は、中年過までは、万事おもはしからず、老年になりて、漸と安堵すべし、観音をしんじてよし

C　此みくじにあふ人は、一代にとりては中年過までは運気あしく、中年過よりは運ひらきて、身上安し、又当時のうらなひならば物事よい事あればあしきことあり、つねに吉凶定めなく、その内心づかひなることは多く、住所に身を置がたきかたちなり、されとも辛抱して、身を慎み、家業を大事にすれば、官長の人より助けられて、末にては安心する身となるなり

五十七番

A　此みくじにあふ人は、天道をいのり、くわんおんをしんしてよし

B　此みくしにあふ人は、物事通達の意あれとも、獨立てする事悪し、人に従ふてすれば、利を得べし、但し心みじかき人は、成就しがたし、天道を祈り、観世音を念じてよし

C　此みくじにあふ人は、発達する運あれども、いまた時節来らず、物事自己の力にては万事成就しがたし、分別ある人に問談合してすれば、おのづからよき商売などにとりつき、しだいしだいに身上をしあげ、末にては大まいの金銀をも取やりする身分となるべし、短気にて物事かるはづみにすれば、中途にて物事くひちがひ大なる損失あり慎むべし

五十八番

Ａ　此みくじにあふ人は、天道をいのり、くわんおんをしんしてよし

Ｂ　此みくじにあふ人は、万事さはり多く、艱難くらうのあるかたちなり、何事も、堪忍つよく、つつしまざれは、命も危き程の難にあふべし、又新に事をおこし始る事、皆悪し、観音を念じてよし

Ｃ　此みくじにあふ人は、大いに運気あしく、万事おもふにまかせず、艱難苦労多くあとへもさきへも往がたく、途方にくれたるていなり、もし困窮に堪かね短気をいだし、物事慎みなくば、猶此上に子にはなるるか、親族下人に別るる愁み出来るべし、只身を慎み夏の草の夜露をまつごとく、辛抱して、神仏を祈り、誠の心つうじなば、憂苦をまぬかれ福を得べし

五十九番

Ａ　此みくしにあふ人は、天道をいのり、しんめいをしんじて吉

Ｂ　此みくじにあふ人は、月の雲におほはるかたちなれば、思ふ事叶ず、其上人にむしつを受、さいなんにあふことあるべし、されども、つつしみふかく、信心堅固ならば、信力の風吹来て、さいなんの雲をはらひ、月の復明なる如くなるべし、神明を信すべし

Ｃ　此みくじにあふ人は、本来は心正しく正直なる生れつきなれども、生得うたがひ深く気のさだまらぬ人にて、打つづき不仕合なるにこころまよい、彼もして見たり、是もしてみたり、いろいろと心労して身を立んとすれど、あしき朋友などありて、いろいろよからぬ事をすすめるゆへ、いよいよ迷の心生じじ身安からず、よき人のおしへにしたがひ、万事慎みなは、福あるべし

六十番

Ａ　此みくじにあふ人は、天道、神明、べんざいてんいのりてよし

Ｂ　此みくじにあふ人は、心すなほにして、実地をふみて、世をわたる人は、天のめぐみを受て、大によし、しかれども、當世の人、実を行ふもの少ければ、御鬮の表通じて、小吉とす、又心立悪ければ、凶鬮なる事勿論也、神明、弁才天を信ずべし

Ｃ　此みくじにあふ人は、勢ひにまかしてあやふき事を好み、人よりは格別の名をあげ、又は大いに金銀をまうけんとする気象なれども、それにてはかへつて危き事あり、ただ正直を守り、五常の道を行ひ、一通りの事をなせば災ひなし、当世の人心はとかく正道なる事はまはりどふきやうにおもひ、危き事を好めども、甚だよろしからぬ事也、慎むべし

六十一番

Ａ　此みくじにあふ人は、天道をいのり、くわんおんをしんしてよし

Ｂ　此みくじにあふ人は、雪中に梅の綻ぶがごとく、今少し思ひを遂ぬかたちなり、観音を信じて吉

Ｃ　此みくじにあふ人は、雪の中の梅の寒気にとぢられて開きかねたるごとし、いまだ運気ひらかす、されとも心正しければ、終に発達の時節来るべし、又鼠に逢て牛辺を過よといふ句を子の日に丑の方へいたらば吉事ありと判断するもよけれど、一説に鼠は牙ありて口先をもつて身を養、是弁舌者のごとし、牛は頭に角ありて勢ひある出頭の人なり、されば弁舌ある人をたのみて、官長の人にわび頼まば吉事あるへしと見るべし

六十二番

A　此みくしにあふ人は、天道をいのり、くはんおんしんじてよし

B　此みくじにあふ人は、出家、さふらひ、学者ならば、大によし、凡人はあまり吉過てくらゐまけの意あり、万事つつしみひかへめにせざれは、人の悪みを受、さいなん来るべし、天道をいのり、観音を信ずべし

C　此みくじにあふ人は、盛運の時来り、おひおひ立身出世して、人もうらやむ身の上となる也、但し、此みくじ、武士学者出家などには大によし、俗人にはあまり吉過て、却て位負しよろしからす、物事慎みひかへめにし、人にへりくたらざれば、人に憎まれ災難きたるべし、よくよく心を正直にもち、神仏を信心してよし

六十三番

A　此みくじにあふ人は、天道をいのり、くわんおんをしんしてよし

B　此みくじにあふ人、諸事さはり多く、困窮苦労たえず、信心ふかけれは、末にてよろこびにあふべし、天道を祈り、観音を念ずべし

C　此みくじにあふ人は、運気はなはだあしく、困窮苦労の事多し、たとへば家業をすてて、遊所狂ひに金銀をつひやし、借財のために責はたらるる人の如し、能々心をとり直して、倹約を第一に身をこらし、家業に精を出し、神仏をしんしんすれば、末にては追々に運気開き福を得べし、但し、此みくじにあたる人は女色のまどひを深く慎みてよし

六十四番

A　此みくじにあふ人は、天道をいのり、くわんおんしんしてよし

B　此みくじにあふ人は、思ひよらざるさいなん来りて、したしきものもわかれはなるる意あり、観音を信じてよし

C　此みくじにあふ人は、表は楽に見えても、心の中心配おほく、人にもしらさず、さまざまと行末の事をあんじわづらふかたちなり、よくよく胸をすへ、五常の道を守り、是までの損失あるひは過ちをつつのふ心がけ肝要なり、とかく神仏を信心すべし、もしうかうかとしてくらさば、此上に不時の災ひ来り、妻子親族にも別るるほどの悲み来るべし、慎が肝心なり

六十五番

A　此みくしにあふ人は、天道をいのり、とし神、薬師、くわんおんをしんして吉

B　此みくじにあふ人は、雨はれて後花のひらくをまつがごとく、はじめはくらう多けれども、末にいたつてはよろこびのきざしあり、年神をまつり、薬師、観音を信じてよし

C　此みくじにあふ人は、運気のあしきそこにて、たとへばやせたる獣の雪にあふて食物をうしなふがごとく、誠に難儀困窮の秋なり、しかれども気を屈せず、神仏を信心し、心に王法をまもり、諸事慎まばやがて運気もひらき、うれひ事さりて悦事来り、今の心労をむかし語にする時節あるべし、心ながく待が肝要なり

六十六番

Ａ　此みくしにあふ人は、天道をいのり、くわんおんをしんしてよし

Ｂ　此みくじにあふ人は、殊外大事也、物事思はしからぬ所より思案にまよひ、かへつて悪念をおこし、大なるわざはひにあふ事あるべし、能々つつしみ、観音を信じてよし

Ｃ　此みくじにあふ人は、たとへば鳥の羽をもがれし如く不仕合つづきて、世わたりの便をうしなひたるかたちなり、それゆへいろいろと心をくるしめ、果はあしき思案をいだして、いよいよ身の害をまねく運なれば、よくよく慎み何事も正直正道にして、神仏を祈り、人に譲りて時節を待てば、氷の春風にとくるごとく、末にては仕合なおるへし

六十七番

Ａ　此みくじにあふ人は、天道をまつり、うち神、くわんおんをしんじてよし

Ｂ　此みくじにあふ人は、我心のまよひより、さまざまとくらうをなし、人にも難儀をかけるかたちなり、我身の分をしりて、能つつしむときは、身もおだやかに、安らくなるべし、うぢがみを信じて吉

Ｃ　此みくじにあふ人は、運気はなはだあしく、万事する程の事くひちがひがちなれば、何卒一足とびの立身をせんと身にもおよばぬ望みをおこし、いろいろと苦労するていなり、其体さながら船なくして大川を越んとするごとく、成就せざるのみならず、却て身をあやふくする如し、よくよく慎み、五常を守り、神仏を信心して、身の安全をいのるべし

六十八番

Ａ　此みくじにあふ人は、とし神をいのり、日待、月まちしてよし

Ｂ　此みくじにあふ人は、老木に花をひらくかたちなれば、今迄のうれひ、なやみとけちりて、これより悦びにあふべし、年神を祈り、日待、月まちしてよし

Ｃ　此みくじにあふ人は、是まではうれひ事も多かりしが、おもひもよらぬ福来りて、枯たる木のふたたび枝葉を生じ、花咲実のるやうに悦び事、おいおいに来り、家富さかへ、世の人に名をしらるるやうになりし体なり、是よく艱難困窮をしんぼうし、心正直に道をまもりて、神仏を信心したる徳なり、さればいよいよ身持正しく、信心怠らずば、益栄花なるべし

六十九番

Ａ　此みくじにあふ人は、てんとうを祈、くわんおんしんじてよし

Ｂ　此みくじにあふ人は、諸事内ばにして、つつしまざれば、思ひよらぬさいなん来り、損失多くあるべし、天道をいのり、観音をしんじてよし

Ｃ　此みくじにあふ人は、当時何事も仕合よきやうなれども、油断なりがたし、盛の花の俄に風にちるごとく、不時の災難おこりそれより、段々不仕合つづくなり、万事慎みてひかへめにし、物事八分めにしてよし、もし不時災難の来るにおどろき、身にも応せぬ大なる望み事などせば、いよいよ身の害となりて、身上たもちがたかるべし、よくよく神仏を信ずべし

七十番

A　此みくじにあふ人は、天道をいのり、くわんおんしんじてよし

B　此みくじにあふ人は、はじめわづかの心得ちがひより、大なるわざはひと成、こうくわいすれども、及がたし、つねに家内下人をいたはり、此わざはひをふせぐべし、天道をいのり、観音を信じてよし

C　此みくじにあふ人は、わづかなる心得ちがひより、下人などといさかひ大いなるわざはひを生ずる運なれば、主人たる人はよくよく下人をいたはり、奉公する人は短気をつつしみ、主人によくつかへ誠の心をよく尽さば災厄なかるべし、さもなき時は大いなる騒動おこり住所にさはり出来て、身のおき所なく又は知行財宝にはなれ、後にて臍をかむの後悔するとも益なし、万事堪忍が第一なり

七十一番

A　此みくじにあふ人は、天道をいのり、くわんおんをしんしてよし

B　此みくじを得る人は、万事はじむる事悪し、只心をしづめて、時節の至るをまちてよし、天道をいのり、観音をしんずべし

C　此みくじにあふ人は、あらたに物事を仕はじめんとすれども、いまだ運気ひらかざれば、其事成就せず、それゆへ又品をかへて、仕て見れど、いよいよ埒があかぬゆへ、心うろうろとして、彼をして見やうか是をしやうかと思ひふていなり、何分當時は運気かひなければ、万事をなし初るはわろし、万事をやめ、時節をまたば、おのづから物事成就する時節来るべし

七十二番

A　此みくじにあふ人は、天道をいのり、日待、月待をしてよし

B　此みくじにあふ人は、はじめ悪しく、後よし、しかれども、はじめあしき時に心得なく、つつしまざれば、其時身をうしなひ、後よき時節にあふ事叶ず、よくよくつつしみ、時の至るをまつべし、天道をいのりてよし

C　此みくじにあふ人は、はじめはあしけれども、後はよし、初の句のごとく、物事気をくはりて、能々身をおさめ、人をなづけなば起るべき災ひもおのづから消うせ、家内和合して家業はんじやうすべし、心得あしく油断あらば親子兄弟すれすれとなり大いなる争ひを引出し、不時のうれひ事出来るなり、よくよく句の意をはんだんし、信心ふかく、万事心をくばるべし

七十三番

A　此みくじにあふ人は、天道をいのり、日まち、月待してよし

B　此みくじを得たる人は、やみをはなれて、あきらかなる所へ出るかたちなれば、是より後次第にりつしん出世あるべし、天道を祈り、日待、月まちしてよし

C　此みくじにあふ人は、これまで運あしかりしが、此ごろよふよふ運気ひらけ、心にかかりし事もみな去うせて、はじめて安堵せしかたち也、身を慎み諸事をはげみつとめなば、おひおひに福事出来り、物の師匠する人は遠方より弟子慕ひ来り、又望み事ある人は思はず便になる人を得て其事成就する運なり、されども物事性急にするは悪し、ゆるゆるすべし

七十四番

Ａ　此みくじにあふ人は、天道をいのり、くわんおんをしんじてよし

Ｂ　此みくじにあふ人は、人とあらそひたへず、損失あるかたちなり、物事堪忍して、いかにも柔和の心をもてば、此わざはひをのがるべし、天道をいのりてよし

Ｃ　此みくじにあふ人は、とかく心あらく、人とあらそひ事たへず、それゆへ損失も多く心おだやかならず、万事堪忍の二字を守り、短気を慎み、人にへりくだり、目下下人などにあはれみをかけ、正道ならば、おそけれども悦び事来るべし、さもなければ家内和合せずものいひ口舌の事のみ打つづき損失多し、よくよく神仏を祈り、家内和合し、家業繁盛を祈るべし

七十五番

Ａ　此みくじにあふ人は、天道、十七夜、三日月をいのりてよし

Ｂ　此みくじにあふ人は、何事をせんにも思ふままならず、せんかたなきていなり、ゆゑに何事をもはじむる事皆悪し、強てすれば、忽わざはひとなるべし、天道を祈、三日月、十七夜を祭てよし

Ｃ　此みくじにあふ人は、運気つたなく、力とする親類朋友もなく、何事をなしてもはかどらず、されども強て望みを叶へんと心をくるしめ、いろいろおもひ迷ふ躰なり、とても當時の運にては望事かなふべきやうなし、只およばぬ望をとどまり、正道を守り、誠の心をはげまし、神仏に祈り、又は人にへりくだりて、時節を待べし、此心なくば災ひたちまち来る也

七十六番

A　此みくじにあふ人は、天道をいのり、日まち、月まちしてよし

B　此みくじにあふ人は、身の分限をはかり、慈悲を専とし、善悪につきて、心を動さず、天命に安んずる君子の心なり、これにたがへは、大に悪し、天道を祈てよし

C　此みくじの意は、身の分限をしり、不義の富貴を望まず、身に五常の道を行ひ、天命をたのしむ君子の心なり、されば此みくじにあふ人も其ごとくおよばぬ望をおこさず、善事は少しにても行ひ、悪事は少しみても行はず、人の富貴をうらやます、身の貧窮をもかなしまず、とかく気らくに日をおくる工夫すべし、斯のことくなれば、自然に災ひ去、福来り富貴にもなるべし

七十七番

A　此みくじにあふ人は、天道をいのり、くわんおんをしんじてよし

B　此みくじにあふ人は、何事も、急に思ひ立事悪し、わづかの思ひ入ちがひより、大なるわざはひを引出す事あるべし、いくたびも思案をねりて、大切にすべきなり、観音を信じてよし

C　此みくじにあふ人は、物事滞りがちにて、らち明かたき運なり、とかく順々に物事をなしてよし、一足とびに立身出世せんとおもふとも心ばかりあせるのみにて叶ひがたし、當時の運は第三の句の如く、小舟に乗て大海をわたらんとするに浪風あれてわたりがたきがごとし、少しの心得ちがひにて、末にては大いなる過となり、後悔するともかへらず、依て天命を守り、時節を待べきなり

七十八番

A　此みくじにあふ人は、天道をいのり、八まん、しんめいをしんしてよし

B　此みくじにあふ人は、万事おほやけの心をもち、瑣細の事にかかはらず、時の至るをまたば、大なる立身出世ありとす、八まん、神明を信じんありてよし

C　此みくじにあふ人は、万事正しく忠孝の心をゆるめず、瑣細の事にかかわらず、時の来るを待ば、大いなる立身出世して知行財宝身にあまり、子孫長く繁昌すべし、されども尋常の人は此心をもちがたく、いささかの事にも心を動かし、少しの利にも迷ひ安しかくては大いなる立身は出来がたし、只少しの事に目をかけず、大福の来るを待てよし

七十九番

A　此みくじにあふ人は、天道を祈、くわんおんをしんかうしてよし

B　此みくじにあふ人は、年老て、若かへるがごとく、ふたたびさかえにあふて、たのもしきすがたなり、天道をいのり、くわんおんを信仰してよし

C　此みくじの意は、とし老ても猶壮健なるかたちなれば、此みくじにあふ人は、運気強く、それゆへ心もたしかにていろいろと惑はし欺かんとする人あれども、まよふ事なし、但し、下人などもつ人は心得べし、下人よりわざはひのおこる事あり、下人なき人は妻子の事につきて、口舌あるべし、心正直に、神仏を祈らば、それらの災ひもさり、大いに福を得るなるへし

八十番

Ａ　此みくじにあふ人は、天道をいのり、観音をしんかうしてよし

Ｂ　此みくじにあふ人は、君子の位を得て、高き官位に昇るなり、故、庸人には位まけして、吉ならず、たとひ君子の徳ある人なりとも、つつしみなきときは、亢龍の悔あるべし、今左に記す吉凶は、句の表についてしるす、故に人によりて吉とあるも凶としるべし、観音を信じてよし

Ｃ　此みくじにあふ人は、武士学者出家などならば、多年修行の功あらはれて、大いに出世し、官禄ともに人にすぐれ、子孫の栄をひらくべき、大吉事来る也、庸人はあまり吉すぎて位負し、却て吉とすべからず、たとへ君子の徳ある人たりとも我を高ぶり人を見下すときは、一旦立身するとも程なく、災ひ、その身におよぶべし、只身をへりくだるへし

八十一番

Ａ　此みくじにあふ人は、天道をいのり、しんめい、正八まんをしんじてよし

Ｂ　此みくじにあふ人は、わざはひへんじて、吉事となれ共、至て大吉のみくじなれば、第一句にいふごとく、道に叶ふ、君子、賢人にあらざれば、すべての句の意にたがふなり、此ゆゑに通じて小吉とす、若、道に叶ふ人あらば、大吉なるべし、神明、八幡を信ずべし

Ｃ　此みくじにあふ人は、禍へんじて幸となり、財宝あつまり、親族和順するの、みくじなれは大吉の運といふべきに小吉といふものは、第一の句に道に合ときは望み事成就する意あれば、君子賢人にあらざれば、此みくじ句の意にかなひがたし、ゆへに君子小人に通じて小吉とす、もし心正しく、五常の道にかなふ人

ならば大吉なるべし、但し、万つつしみてよし

八十二番

A　此みくじにあふ人は、天道、神明、あたご、くわんおんをしんこうしてよし

B　此みくじにあふ人は、我短慮より、さしてもなき事に、いかりはらだちて、これより大にわざはひを引出す事あるべし、又火事をつつしむべし、神明、あたご、観音を信じてよし

C　此みくじにあふ人は、甚はだ運気あしし、たとへばさいしてもなき事に腹立て父子兄弟夫婦などとあらそひて、それより大いなるわざはひを引出し住所にも住がたきほどの不仕合となるがごとし、よくよく短気をおさへ、堪忍の二字を守らざれば、忽ち殃難出来り逃のがれんどすれば、道なかるべし、又火事のおそれあり、よくよく神仏を信心すべし

八十三番

A　此みくじにあふ人は、天道をいのり、日待、月まちしてよし

B　此みくじにあふ人は、何事をせんとおもふても、心のままならず、くらうをしても、そのかひなく、難義のていなり、とかく心をしづめて、時のいたるをまちてよし、天道を祈り、日待、月まちしてよし

C　此みくじにあふ人は、手をのばして空の月をとらんとするごとくする程の事、心のままならず、たびたびくひちがひ損失おほく、むだ骨を折かたち也、運のひらかぬ時には、何事も成就しがたしとおもひきり、およばぬ望みをやめ、一心に家業をはげみつとめ、神仏を念じてわざはひの来らぬやうにきたらぬやうに

祈るべし、さもなき時はいよいよ不仕合つづくべし

八十四番

A　此みくじにあふ人は、天道、しんめいをいのり、くわんをんしんじてよし

B　此みくじにあふ人は、はなはだこんきうかんなんのかたちにて、草木のの枯しぼむがことし、信心をあつくして、時のいたるを待べし、神明を祈り、観音をしんじてよし

C　此みくじにあふ人は、易の天地、否の卦にひとしく、物事ふさがりて通達せざる運なり、たとへば秋の野の草花の露霜に枯しぼむごとく、次第に身上おとろへ、損失つづき、それゆへ家内の人も心不和になり、口舌事たへず、誠に難渋の時なり、よくよく神をしんじんし、心正直にて倹約を守らばしたいに仕合なをるべし

八十五番

A　此みくしにあふ人は、天道をいのり、べんざいてんしんじてよし

B　此みくじにあふ人は、諸事発達のおそき事あれども、後大きに仕合よし、ゆゑに物事性急にする事悪し、天道をいのり、弁財天をしんじてよし

C　此みくじにあふ人は、武士学者出家平人とも大いに發達する運なり、それ大器はおそくなるとの諺のごとく、人にすぐれたる立身出世し、又は有福人となるも早うはなりがたし、いかにもおそく望み事かなふもの也、其おそきを待遠におもはず、徳をおさめ、倹約を守りて、時節をまてば、しだいに望み事かなひ、

命ながく子孫はんじやうすべし、常に天道を祈り、慈悲善根をなすへし

八十六番

A　此みくじにあふ人は、天道をいのり、日まち、月まち、びじやもんしんしてよし

B　此みくじにあふ人は、さむらひ、しゆつけ、学者ならば、大きに仕合よし、凡人はあまり吉過てくらゐまけすべし、物事つつしみ内ばにすれば、立身出世あるべし、天道を祈り、日待、月待、又びしやもんを信じてよし

C　此みくじにあふ人は、武士学者医師出家などには大吉なり、平人はあまり吉すき、却て位まけするかたちあり、よつて万事ひかへめにし、物事慎み身をへりくだり、人になれしたしむ時は、追々家業はんじやうし金銀財宝もとめざるに聚り、諸人おどろきうらやむほどの身代となるべし、されどもおごりたかぶりてゆだんあらば、殃たちまち来り後悔すべし

八十七番

A　此みくじにあふ人は、天道、しんめい、べんざいてんしんじてよし

B　此みくじにあふ人は、りつしん出世あれども、始終の心ざしとげがたきていなり、物事すべておそく成就する理あれば、心ながく、たいくつすべからず、観音、神明をたふとみ、弁財天をしんじてよし

C　此みくじにあふ人は、立身出世の運ひらきおもひもよらぬ福を得て、それよりおひおひに立身すべし、しかれども短気にて物ごとに気をいらち、出世を急ぐ心あれば、却て出世の綱にはなれ一生望み事叶はず、

第四の句の意をよくよくはんだんし、心ながく徳をおさめ、五常の道をおこなひ、正道にして時節をまたば、いかにも目さましき立身し、子孫長くはんじやうすべし

八十八番

A　此みくじにあふ人は、くわんおんをふかくしんしてよし

B　此みくじにあふ人は、万事心のままならず、はなはだくらう多し、観音をしんじてよし

C　此みくしにあふ人は運気はなはだあしくする程の事、妻子または親類朋友と心合ず、それゆへ口舌あらそひ事たへず、心配事のみ打つつく也、又は妻妾などの事より禍おこり、人とあらそひを引いだす事なとあるべし、短気をつつしみ、女難の用心をなし、身持正しく、何事をも堪忍び神仏を信心すれば、災ひおのつからとけて、末にては身の上安かるべし

八十九番

A　此みくじにあふ人は、天道、しんめいをいのりてよし

B　此みくじにあふ人は、其身発明にして、才智をもつて、世に名をしられ、大きに立身出世あるべし、さなき人なりとも、随分心ざしをみがきはげむときは、それ相応に用ゐられ、仕合すべし、神明をいのりてよし

C　此みくしにあふ人は、才智発明なる人は、世に出おもく用ひらるる運にむかひたり、よくよく学問をはげみ、徳をおさめて時節を待ば、自然人にしられ、知行財宝心のままなるべし、たとへ君子の徳なき人なり

とも、身の行をつつしみ家業に精を出し、信心あつくは、それ相応に福きたり、身もやすく栄ゆべし、智
恵ある人たりとも放蕩なれば発達せず

九十番

A　此みくじにあふ人は、天道をいのり、くわんおんしんかうしてよし

B　此みくじにあふ人は、貴人の引立によつて、大なるさいはひを得べし、但し、第一句の文をもつて見れば、
何事にも、真実の心無き人は、吉ならずとしるべし、観音を信仰してよし

C　此みくじにあふ人は、心に信ありて、道を守り、すこしも邪のおこなひなくば、天の照覧にあづかり、万
事仕合よくしだいしだいに吉事にきたり、その上貴人官上の力をかりて、立身出世し、万の望み事かなひ、
知行財宝心のままなるべし、然れども心に信なく、常に虚言おほく、表は賢人のごとく内心は能をそねみ、
富をそねむごとき人は、吉事も凶事と変しおちぶるるなり

九十一番

A　此みくじにあふ人は、天道をいのり、しんめい、くわんをんしんじて吉

B　此みくじにあふ人は、暗夜より月夜になるがごとく、心の憂とけ去て、よろこびに逢なり、但し、第四の
句に、先ずるによしといへるは、およそ月も満るときはかくる也、すべての理、みな此のごとく、故に今
満月の時に急にせよ、やがてかくるはしなりといふ事をしめすなり、観音を信じて吉

C　此みくじにあふ人は、暗夜より月夜になるごとく、今までのうれひ事去て、悦び事おひおひに来る運なり、

武士学者出家などは知行官位にありつき、平人は売買利潤を得て、家富さかふる時節にむかふたり、すべての事遅滞せず、速にするに利あり、さればとて何の分別もなくうかつに事をなさば、却て越度あやまりとなるべし、物の見はからひ肝心なり

九十二番

A　此みくじにあふ人は、天道をいのり、くわんおんをしんじてよし

B　此みくじにあふ人は、たびたこくをかけまはりかせげば、仕合よし、万事此心にて、此方より、足手をはこびてする事よし、又第四の句、天より箭を給ふの句あり、是正直の徳によつて、天のめぐみを受るの義也、若、不正直の人ならば、此裏にて罰を受べし、天道を祈て吉

C　此みくじにあふ人は、是までは住所などかはり、気苦労なる身の上なりしが、今運気ひらきて心配事皆すぎ去、仕合なほりて何事をなしても成就する運なり、されども非義よこしまの事をなさば災ひ忽ち来るべし、只正路を守り、産業をはげみ、出精すれば末ほど吉事ありて、天の助をうけ、身代ををしあけ、金銀財宝もとめざるに集り、子孫はんじやうのもとひを開くなり

九十三番

A　此みくじにあふ人は、天道、神明をまつり、くわんおんをしんじてよし

B　此みくじにあふ人は、其身の家業を守らず、分に過ぎたる望事をなし、それ故艱難苦労して、やうやう少し安心するやうになりても、又さはりありて、思ひ事たへぬかたち也、故に其身の分限を守り、物の命を

C　たすけなどすれば、後わざはひを転じて大なる福を得べし、観音を信じてよし

　此みくじにあふ人は、是まで放蕩に金銀をつかひ捨しか、又は商売につき大いに損失などして金銀つきはて、さながら魚の水をはなれたる如くなりしが、今やうやう運気ひらきて、金銀財宝にありつき、魚の水中へ入たる如し、されども望み事十分には叶はず、とかく中途にへだて、障る事ありておもふにまかせず、それをしひて叶んとすれば、災あり、只しづかに時節を待てよし

九十四番

A　此みくじにあふ人は、天道、神明をまつり、くわんおんしんじてよし

B　此みくじにあふ人は、始終の仕合は悪からずといへども、人に悪まるる事あるべし、とり分貴人の前にて、言語をつつしむべし、いささかの言の間違より、大なるわざはひとなる事あるべし、又我目下、或は下賤のまじはりにつつしむべし、神明を祭り、観音を念ずべし

C　此みくじにあふ人は、運気よしといへども多言にして、仕損じ越度などあるなり、よつて詞を慎み、酒宴の上などにても、人の是非をいふ事なく、又官上貴人などの前へ出ても詞をつつしみ、我より下の者と心やすく附合べからす、いささかの詞の間違より大いなる災ひを引出すべし、ただ口を禍の門と心得みだりに人事なと言ず、神仏をいのらばしだいにはんじやうすべし

九十五番

A　此みくじにあふ人は、天道をいのり、しんめいをまつりてよし

B　此みくじにあふ人は、何にても、我家業につひて、一芸ある人ならば、其芸によりて、名誉をあらはし、立身あるべし、若、無能の人ならば、今よりはげみ、つとめて、功を得べし、神明をまつりてよし

C　此みくじにあふ人は、武士ならば武芸、出家は出家、行商人は売買の道を一心にこりはげみなは、末にては大いに發達する時節きたるべし、然れども當時はいまだ出世の時にはあらず、たとへば夜半の頃のごとし、しかるを待久しくおもひ無理に出世をもとむれば、花をつぼみの内に引ひらくがごとく、却て其時をうしなふべし、出世の時節来らば、天より自然と福をあたへ玉ふもの也、それまではたゆみなくはげむへし

九十六番

A　此みくじにあふ人は、天道をいのり、くわんおんをしんじてよし

B　此みくじにあふ人は、こころだていやしく、わろびれたる人は、仕合あしく、心いさぎよく、向上の人は大小よし、向上とは、人を見くだし、慢し、又奢侈の事にあらず、人を軽しめず、へつらはず、君子の徳をいふ也、天道をまつり、観音をねんじてよし

C　此みくじにあふ人は、心立いやしく、下司ぶれたる業を好む人はわろし、心高く官上の所作を見ならふ人は自然位ある人にもまじはり、末々は大いに立身出世する也、されども上を学ぶをよしと心得、人を見くだし、我慢に長じなば、人に悪まれ、災ひ忽ち身におよふべし、此みくじ意は顔回を学ぶ者は顔回の従なりといふごとく、いかにも徳ある人の行ひをまなばば大によし

九十七番

A　此みくじにあふ人は、天道をしんじ、神明、くはんおんしんじてよし

B　此みくじにあふ人は、諸事仕合あしく、又無実さいなんを用心すべし、とかく世間の思はくもあしく、故に何事も、仕はじむる事悪し、只身をつつしみ、時節をまてば吉事にあふなり、いかんとなれば、雲霧は一たんはくらくふさがれども、又晴るものなれば也、神明を祈てよし

C　此みくじにあふ人は、運気おとろへするほとの事がくひちがひ、又人よりむしつの災難などをうけうれひ事重り住所も動きかはるかたちにて、心さだまらず、迷ふていなり、何事も望み事をやめ、身の行ひをあらため、正路をまもり、神仏を信心して運のひらくを待べし、雲、きりなどは一旦くらくふさがれども、又はれゆく物也、人も信心さへつよければは、運のひらく時なくては叶はず

九十八番

A　此みくじにあふ人は、天道をいのり、くはんおんをしんじてよし

B　此みくじにあふ人は、魚の網にかかるがごとく、つねにうれひかなしみたへざる也、ややもすれば、身をうしなふほどの難にもあふべければ、神仏の加護なくては叶ひがたし、天道をいのり、観音を信じてよし

C　此みくじにあふ人は、不仕合つづきて、万の事糸のもつれたるごとく、いづれからおさめんと思へども、中々おさめられず、茫然としておもひなやむさま、さながら網にかかりたる魚のごとく命もあやふく、心かきくれてかなしみやるかたなきていなり、何分運のあしき底と見ゑたり、されても寒極て春きたるならひ、信心ふかく行ひ正しくば、程なく運のひらく時節に向かふへし

九十九番

A 此みくじにあふ人は、天道をいのり、大こく、びしやもん、べんざい天しんじて吉

B 此みくじにあふ人は、朝日の照らすがごとく、暗夜をはなれ、月夜に向ふがごとく、りつしんしゆつせおもひのままなるべし、天道を祈り、大こく、びしやもん、弁財天を信じて、ますますよし

C 此みくじにあふ人は、暗夜に月の出たるごとく、是までの憂苦ことごとくとけて、運大いにひらき、天より福をくだし玉ひ、家富さかへ、財宝意の侭に聚るべし、されども運のひらきしに、油断しよろづに奢をきはめ、無益のことに金銀を費さば福たちまち殃と変ずへし、ただ倹約をまもり、正直ならば珍らしき事に就て、利潤を得、名をあげ、子孫繁昌すべし

百番

A 此みくじにあふ人は、天道、神明をいのり、くはんおんをしんじてよし

B 此みくじにあふ人は、花ちりて、実を結ばんとするごとし、花はすでにちりつくし、実はいまだ実のるべき時節に至らず、此間只心さびしく、たのみなきさまにおもふ事ありて、世を背く歟、又は煩ふ事あるべし、心つよく、時を待ば、実のる時節に至り、悦にあふべき也、観音を信じてよし

C 此みくじにあふ人は、花ちりて青葉になりたるごとく、花は散すぎ実はいまだむすばぬ意にて、家督財宝もちり尽ふたび是を得んと従弟のはしまでも尋もとむれど、それにさへ逢ず、とほうにくれたる躰なり、されども今しばらく艱難をしのひこらへなは、花木に実のむすぶ如く再び世わたりの綱にとりつく也、短気ならば身の上破滅におよぶべし、よくよく慎み、神仏を祈てよし

例えば、第四十三番の場合でいうと、籤詩が「月桂将相満　追鹿映山渓　貴人乗遠箭　好事的相斉」となっているのを受けて、注解の総括部分が、A系統、B系統、C系統の元三大師御籤本ではそれぞれ次のようになっているということである。(38)

A系統『観音百籤占決諺解』

此みくしにあふ人は、天道をまつり、くわんおんしんしてよし

B系統『元三大師御鬮諸鈔』

此みくじにあふ人は、よろこびをつかさどる吉くじなれとも、身を高ぶり、まん心あれば、思ふ叓皆たがひて、わざはひおこる、身をへりくだり、誠あつき時は、貴人目上の引立にて、思はざるさいはひ来る、へりくだるとは、こびへつらふ事にはあらず、弁べし、天道をまつりて吉

C系統『天保新選永代大雑書萬暦大成』

此みくじにあふ人は、すでに運気七八分はひらきたり、されどもいまだ十分に望事は叶がたし、すでに出世のたね目には見えて有ながら、いまだ手にはとらず、身をつつしみ、行ひ正しく、倹約を守らば、主人か上役なぞの助力引立によつて立身出世し、追々福来るべし、されども事を急ぎ、たんりよ粗忽のふるまひせば、却て身の害を引出す也、慎むべし

A系統からB系統、そしてB系統からC系統への元三大師御籤本の注解の変移については、次章以降において詳述するが、このことについて要点のみを略述するならば、A系統↓B系統↓C系統への元三大師御籤本の注解

の総括部分の変移の流れには、三つの大きな特徴が顕著に見て取れるのである。

第一は、ここに掲げた第四十三番においても一見してわかるように、総括部分の文章の長文化である。A系統の総括部分が「此みくしにあふ人は、天道をまつり、くわんおんしんしてよし」という短い文であるのに対して、B系統の総括部分はその四倍以上の長さの文になっている。C系統の総括部分に至っては、B系統の総括部分よりも更に長くなっている。

第二は、信仰の希薄化である。A系統の元三大師御籤本の一番から百番までの注解の総括部分には、様々な信仰の対象が掲げられ、それらを信仰し、祈念すべきことが述べられているが、これがB系統、C系統となるにしたがって、言及されることが少なくなってゆく。例として掲げた第四十三番に即して言うならば、A系統で示された信仰の対象が「天道」と「くわんおん（観音）」であったのに対して、B系統では「天道」のみとなり、C系統に至っては、信仰の対象が何も示されていない。と言うよりも信仰自体が説かれていない。

第三は、この信仰の希薄化とは対照的に、A系統→B系統→C系統と注解が変移するにしたがって、教訓性が強まってきている。A系統の元三大師御籤本の総括部分においては、一番から百番に至るまで、ひたすら信仰のみが説かれ、何らの教訓も説かれていないのに対して、B系統、C系統では頻繁に倫理性の強い処世訓が説かれるようになっている。この性格はB系統に比してC系統の方がより強くなっている。

つまり、元三大師御籤本の注解の総括部分は、A系統→B系統→C系統と変移してゆくにしたがって、信仰を説くという性格から教訓を説くという性格に移り変わっていっている。換言するならば、宗教性から倫理性へと移行していっている。あるいは、他力による開運から自力による開運へと移行していっていると言ってもよいであろう。

第四章　元三大師御籤本の思想史的展開

第一節　元三大師御籤における信仰対象

これまで述べてきたことを、ここで改めて要約し、整理してみたい。

現在、寺院で引かれているおみくじ、すなわち仏籤であるが、これらは寺院それぞれにおいて全く異なったものが引かれているように思われがちであるが、実は日本の寺院で引かれている仏籤に記されている五言四句の籤詩は、いずれも中国渡来の『天竺霊籤』に基づくものである。つまり、宗派を問わず、どの寺院で引いたおみくじであっても、同じ番号のおみくじであれば、同じ籤詩が記されているということになる。(39)

現代でも用いられている、このような『天竺霊籤』に基づくおみくじは、江戸時代には「元三大師御籤（がんざんだいしみくじ）」あるいは「観音籤」「百籤」等の名称で呼ばれていたと覚しい。この「元三大師」とは、平安時代の天台宗の高僧、慈恵大師良源のことであるが、おみくじと元三大師を結びつけたのは、同じく天台宗の慈眼大師天海であったであろうと考えられる。(40)

江戸時代を通して、元三大師御籤本は広く普及していた。この元三大師御籤の一番から百番まで、つまり全ての元三大師御籤を一書にまとめた御籤本、すなわち元三大師御籤本が江戸時代には数多く刊行されていた。これら元三大師御籤本は、そこに記されている一番から百番までの籤詩が『天竺霊籤』に基づくものであるという点では一致しているが、この籤詩に対する解釈はさまざまであり、また、この籤詩から導き出される運勢について解説している注解の部分の記述も多様である。

ところが、これら元三大師御籤本の注解を具体的に見てゆくと、注解は大きく三系統に類別できる。このことについては第三章において、既に述べている部分もあり、それらと若干重複する部分もあるのであるが、本章における考察の展開上、必要不可欠な事項であるため、確認の意も含め、ここで紙幅を割いて述べておくことにしたい。

まず、元三大師御籤本には、注解を持つものと、注解を持たないものとがあり、こうした注解の有無によって、まず元三大師御籤本を大別することができる。現在確認できる元三大師御籤本の中では最も成立の早い寛文二年(一六六二)跋の『天竺霊感観音籤頌 百首』[41]、そして、これに続く貞享元年(一六八四)刊の『元三大師百籤』[42]のいずれにも注解は付けられていない。どちらも『天竺霊籤』に基づく五言四句の籤詩と、その和解(わげ)(籤詩に対する和文による語釈)のみであり、注解は無い。ただし、『天竺霊感観音籤頌 百首』が籤詩と和解のみによって構成されているのに対して、『元三大師百籤』には挿絵が加えられている。

これら注解を持たない元三大師御籤本に対して、貞享四年(一六八七)刊の『観音百籤占決諺解』[43]以降の大半の元三大師御籤本には注解が付けられている。[44]そして、これら元三大師御籤本の注解は、三つの部分から構成されていることが分かる。まず注解の冒頭に、いずれの元三大師御籤本にあっても、その番号のおみくじについての総括あるいは総合判断とも言うべきものが示されている。いわば「総括部分」である。そして、次に「事象別判断部分」とでも言うべき、売買、訴訟、失せもの等々の具体的な事象に対応する判断が示されている部分が続く。更に、「職分別判断部分」とでも言うべき部分、すなわち武士には武士についての、百姓には百姓についての、それぞれの置かれている社会的立場に即しての判断が述べられている部分が続く。

事象別判断部分と職業別判断部分にあっては、元三大師御籤本によって順序が入れ替わることもあり、また一方が下巻として別冊になっている場合もあり、時には一方が省略されてしまっていることもある。これに対して、総括部分が省略されることは決して無く、つねに注解の冒頭に置かれている。そして、この総括部分には、その時代の人々の思想が、実に興味深い形で表わされているのである（ここで「民衆の思想」という言葉をあえて用いず、「人々の思想」としたのは、既に職業別判断部分の説明の折にも述べた通り、元三大師御籤本の読者には、武士あるいは出家までもが含まれているからである）。

この注解の総括部分に着目してみると、多種多様な元三大師御籤本も、注解の総括部分に従って三系統に類別できることが分かる。それらを成立時期の早いものから順に、便宜的にA系統、B系統、C系統とするならば、現在確認することができるA系統の元三大師御籤本の中でも最も古いものは、貞享四年（一六八七）刊の『観音百籤占決諺解』であり、B系統にあっては文化六年（一八〇九）刊の『元三大師御鬮諸鈔』、C系統にあっては嘉永六年（一八五三）刊の『元三大師御鬮絵鈔』[45]ということになる。

つまり、貞享四年刊の『観音百籤占決諺解』において初めて元三大師御籤本に注解が附されて以降、文化六年までの一世紀以上の間、注解の総括部分については、いずれの元三大師御籤本にあっても、『観音百籤占決諺解』を踏襲していたのである。

『観音百籤占決諺解』に注解が記されて以降、注解の要所である総括部分については、後続の種々の元三大師御籤本においても、長きにわたり『観音百籤占決諺解』のそれが踏襲されていた。これら『観音百籤占決諺解』

の注解の総括部分を踏襲した元三大師御籤本、すなわち本書において便宜的にA系統とした元三大師御籤本であるが、この注解の総括部分には、実に多種多様な信仰対象が掲げられている。つまり、引かれた番号のおみくじに示されている対象を専ら信仰し祈念せよとの旨が説かれているのである。たとえば、四十三番の注解の総括部分であれば、「此みくじにあふ人は、天道をまつり、くわんおんしんじてよし」[46]とあり、天道と観音に対する信仰が促されている。

A系統の元三大師御籤本の一番から百番までの注解の総括部分に示されている信仰対象を、多いものから順に掲げてみると次のようになる。[47]なお、（ ）付きで示した数字は一番から百番までの百本のうち何本の中で信仰対象として掲げられているかを示したものである。

天道（84）、観音（50）、神明（27）、日待（19）、月待（19）、年神（9）、弁財天（9）、八幡（正八幡を含む）（8）、大黒（4）、庚申待（3）、七夜待（3）、氏神（2）、愛宕（2）、日月（2）、毘沙門天（2）、薬師（1）、千手観音（1）、十七夜（1）、三日月（1）、大般若心経（1）

このようにA系統の元三大師御籤本に示された信仰対象（「日待」「月待」「庚申待」等の信仰行為も含む）は実に多種多様なのである。[48]天台宗の高僧である元三大師の名を冠し、あるいは観音籤とも呼ばれていたものでありながら、そこに示された信仰対象は、仏教固有の信仰対象のみならず、広く民間信仰の宗教的行事にまで及んでいる。

このことについては、次節以降において改めて詳述するが、「観音」をはるかに上回る八十四本の中で「天道」

に対する信仰が説かれていることについては、やはり注目すべきであろう。一番から百番までの百本のうち八十四本もの中で「天道」に対する信仰が説かれているのである。

なお、七福神のうち「弁財天」「大黒」「毘沙門天」の三者のみが信仰対象として掲げられていることに気づくのであるが、このことは、次の二つの要因に由来しているのではないかと考えられる。まず、七福神のうち、これら三者のみが仏教の天部の仏神に属していること。更には、特に天台宗に見られる三面大黒信仰[49]の影響である。これらのことが、信仰対象としての七福神の中から「弁財天」「大黒」「毘沙門天」のみを引き出してきたことと関わっているのではないかと考えられる。

次に、おみくじの吉凶と信仰対象との関係について考えてみたい。まず、［別表］をご覧いただきたい。信仰対象と吉凶の相関関係を示したものである。信仰対象のうち、A系統の元三大師御籤本の注解の総括部分において掲げられる頻度が高いものについて、おみくじの吉凶との関わりを考えるために作成したのが［別表］である。「天道」「観音」「神明」「日待」「月待」「年神」「弁財天」それぞれの下に「合計」として示した数字が、百本のうち何本の中で信仰対象として掲げられているかを示したものであり、その下に、それらが大吉から大凶までのおみくじに、どのように分散しているか、いわば吉凶の内訳を示した[50]。

たとえば［別表］中の「弁財天」の場合、百本のうち九本のおみくじの中で信仰対象として掲げられており、その吉凶の内訳は、大吉のおみくじが五本、吉のおみくじが二本、末吉のおみくじが一本、凶のおみくじが一本であるということを示している。

また、（　）内に示した％であるが、これも「弁財天」を例にとるならば、「弁財天」が信仰対象として掲げられている九本を百％とすると、五十五・六％が大吉のおみくじであり、二十二・二％が吉、十一・一％が末吉、

〔別表〕

	天道	観音	神明	日待	月待	年神	弁財天
合計	84	50	27	19	19	9	9
大吉(16%)	14(16.7%)	5(10.0%)	3(11.1%)	2(10.5%)	2(10.5%)	3(33.4%)	5(55.6%)
吉(37%)	30(35.7%)	12(24.0%)	11(40.8%)	11(57.9%)	11(57.9%)	5(55.6%)	2(22.2%)
半吉(2%)	2(2.4%)	2(4.0%)	1(3.7%)				
小吉(1%)	1(1.2%)	1(2.0%)		1(5.3%)	1(5.3%)		
末吉(10%)	8(9.5%)	5(10.0%)	3(11.1%)			1(11.1%)	1(11.1%)
末小吉(1%)	1(1.2%)		1(3.7%)	1(5.3%)	1(5.3%)		
前凶後吉(1%)			1(3.7%)				
前凶後小吉(1%)	1(1.2%)						
凶末吉(1%)		1(2.0%)					
凶(29%)	26(31.0%)	24(48.0%)	6(22.2%)	4(21.1%)	4(21.1%)		1(11.1%)
大凶(1%)	1(1.2%)		1(3.7%)				

十一・一%が凶のおみくじであることを示している（小数点第二位を四捨五入した）。

この%を算出したのは、元三大師御籤自体の吉凶に、当然のことながら偏りがあるためである。大吉から大凶までの吉凶それぞれについて（ ）書きで示した数字が、その偏りである。つまり、「大吉」は百本のうち十六本、したがって百本全体の中に占める割合も十六%ということになる。「吉」以下についても同様である。

こうして「天道」から「弁財天」までの信仰対象の吉凶に対する所謂ばらつきを見てゆくと、「天道」に次いで信仰対象として掲げられることの多い「観音」が信仰対象として掲げられているおみくじの半数近くが凶のおみくじであることが分かる。『観音百籤占決諺解』自体の中で凶が占める割合が二十九%であることと比較してみると、「観音」が如何に凶のおみくじにおいて多く掲げられているかということが分かる。

これとは反対に、［別表］中の数字の説明のための例としても扱った「弁財天」については、大吉のおみくじの割合が五十五・六％であり、「弁財天」を掲げる半数以上のおみくじが大吉であることが分かる。これも『観音百籤占決諺解』全体の中に占める大吉の割合が十六％であることと比較すれば、「弁財天」が大吉のおみくじにおいて掲げられる傾向が強いことが分かる。

こうした「観音」「弁財天」と吉凶との関係が、どのような思想に基づいているのかということについては、元三大師御籤以外の史料をも含めて、今後、更に考察を深めてゆかなくてはならず、軽々に臆断することはできないが、凶の運勢であるような時こそ、つまり苦境に立たされた時こそ、観音の苦抜の力にすがり、観音に救いを求めよ、という観音信仰の思想が背景に在るということだけは窺えよう。

一方、「天道」と吉凶との関係はどうか。「天道」の場合は、「観音」や「弁財天」のような吉凶に対する偏りはなく、（　）書きで示した「天道」の所謂ばらつきが、『観音百籤占決諺解』自体のそれと、ほぼ一致していることに気づく。つまり、おみくじの吉凶にかかわらず、「天道」が信仰対象として、たびたび掲げられているということである。

第二節　信仰の対象としての「天道」

江戸時代を通して多くの元三大師御籤本に踏襲され、長きにわたり専ら用いられてきたA系統の元三大師御籤本の注解の総括部分において、「天道」への信仰が、おみくじの吉凶とは関わりなく、頻りに説かれていることは、前節において述べた通りである。

A系統の元三大師御籤本の注解において、「天道」への信仰が、「観音」に対する信仰以上に強く説かれているのである。A系統の元三大師御籤本に限らず、大半の元三大師御籤本の巻頭には、正観音、十一面観音、千手観音それぞれの御影と呪（真言）が掲げられ、観音の御影を拝し、呪を唱えてから元三大師御籤を引くよう、説明が為されている。元三大師御籤は別名を観音籤とも呼ばれ、元三大師自身も如意輪観音の化身とされている。このように元三大師御籤本においては観音への信仰が明らかに前提とされている。そのことを勘案すれば、百本のうち五十本の中で、信仰の対象として「観音」が掲げられていることは至極当然なことである。しかし、これをはるかに上回る八十四本の中で、「天道」が信仰対象として掲げられているということは、やはり注目すべきことであろう。

しかも、こうした「天道」への信仰が強く説かれたA系統に属する元三大師御籤本は種類も多く、版を重ねて刊行されている。このことからも、A系統の元三大師御籤本が、如何に多くの読者を得ていたかということが窺い知れる。

文化六年（一八〇九）の『元三大師御鬮諸鈔』、すなわち本書においてB系統の元三大師御籤本としたものであるが、これが刊行されるまでの間、著者が現在確認している限りでは、注解を持つ元三大師御籤本の中で、A系統以外の元三大師御籤本を見出すことはできない。つまり、A系統の元三大師御籤本の中で成立の最も早い『観音百籤占決諺解』が刊行された貞享四年から文化六年までの一世紀以上の間、装丁が改められ、挿絵が描き換えられ、幾種類もの元三大師御籤本が、幾たびも刊行されているにもかかわらず、注解の総括部分については、この一世紀以上の間、つねに踏襲されているのである。

このことは、「天道」に対する信仰が、当時の多くの人々に違和感なく受け容れられていたことを示しているのではなかろうか。元三大師御籤は、寺院の宗派の枠を越えて、更には神社でも引かれていたと覚しきおみくじである。とすれば、「天道」に対する信仰が、当時の日本人の思想の基底に如何に根付いていたかが窺い知れよう。

では、元三大師御籤本において信仰対象として掲げられている「天道」とは、いったい何なのであろうか。元三大師御籤本の読者は、この「天道」というものを如何なるものとして捉えていたのであろうか。

江戸時代の「天道」の思想に関しては、石毛忠「江戸時代初期における天の思想」[51]以降たびたび論じられるところとなった。確かに指摘される通り、「天道」の思想は、戦国武将たちの思想面での拠所であり、天下支配権を正当化する理論的背景ともなっていったものであった。武家の言わばアイデンティティーを担保するものであったとも言える。では、この「天道」と元三大師御籤本における「天道」とは如何なる関係にあるのであろうか。

ここで、A系統の元三大師御籤本の注解の総括部分において示された「天道」への信仰に目を移してみたい。こうした元三大師御籤本の「天道」への信仰は、遡れば、それぞれの籤詩に対する解釈によって、まず導き出されていることが分かる。すでに述べてきたように、いずれの元三大師御籤本にあっても、一番から百番にわたって、それぞれに『天竺霊籤』に基づく百首の五言四句の籤詩が掲げられ、この五言四句の籤詩に対して、和文による語釈である和解が添えられている。[52] A系統の元三大師御籤本の和解を見てみると、この和解による解釈の段階で、まず「天道」への信仰が説かれていることが分かるのである。

たとえば、A系統の元三大師御籤本の中で成立の最も早い『観音百籤占決諺解』（前掲）の九十番の籤詩の第二句である「一信向天飛」に対する和解は、「ただ一へんに、しんりきあらば、そのまことのこころ、てんとうゑつうじて、とぶがごとくに、いたるべし、ねんりき、いわをとをす心なり」[53]というものである。ここでは「向天飛」の「天」を「てんとう（天道）」と解釈しているのである。このように籤詩の中の「天」を「てんとう（天道）」と解釈している例は、七十六番の第一句「富貴天之祐」に対する和解の場合にも見られ、ここでは「金銀ざいほう、おおくもつ事も、かうゐ、かうくはんになる事も、てんとうより、うけ来る事也、人のさいかくばかりにてはならぬとなり」と、「冨貴天之祐」を解釈している。

しかし、籤詩の中で「天」という文字が使われていない場合であっても、和解による解釈において、「天道」という概念が、導き出されてくる場合があり、こうしたケースの方がむしろ多い。たとえば、五番の籤詩の第四句の「佳人一炷香」に対する和解では、「かうをたき、天道をいのり、心を正じきにもちたらば、のちは、さいなんもきゑゆくなるべし」と解釈している。香をたくという行為までは、籤詩自体に基づくものであるが、「天道をいのり」という解釈は、和解の段階で付け加えられたものである。このような例は、他に六番の籤詩の第四句「祈レ福始中和」、十九番の籤詩の第三句「香前祈二福厚一」、五十三番の籤詩の第二句「雲書降二印権一」、九十一番の籤詩の第三句「雲中乗レ禄至」に対する和解においても見られる。

しかし、このような和解における「天道」を用いた解釈は、『観音百籤占決諺解』によって初めて為されたことではなく、これに先行する注解を持たない元三大師御籤本の和解において既に為されていたことであり、『観音百籤占決諺解』は、その解釈を引き継いでいたのである。注解を持たず、籤詩と和解のみによって構成されている『天竺霊感観音籤頌 百首』と『元三大師百籤』は、既に述べた通り、いずれも『観音百籤占決諺解』以前に刊行されていた元三大師御籤本であるが、両者とも大慈山小松寺の正本に基づくものである旨が跋文に記されており、両者の間には表記に若干の異同はあるものの、籤詩および和解に関しては大きな相違は無い。ただ『元三大師百籤』に挿絵が有るのに対して、『天竺霊感観音籤頌 百首』には挿絵が無い。

これら元三大師御籤本の和解において、既に「天道」を用いた解釈が為されているのである。先に『観音百籤占決諺解』の和解における「天道」を用いた解釈として引用した九十番の第二句「一信向レ天飛」に対しての

『元三大師百籤』の和解は、「ただ一へんに、天道をいのるべし」となっており、七十六番の第一句「富貴天之祐」の和解も「ふくとくも、天たうよりうる也」というものであり、五番の第四句「佳人一炷香」の和解も「かうをたき、せいせいをいたし、天道をいのるべきなり」となっている。これら引用をしたもの以外についても、九十一番の第三句を除いては、いずれの場合も『元三大師百籤』において既に「天道」という概念を用いて籤詩が解釈されている。

　のみならず、『元三大師百籤』の和解においては、『観音百籤占決諺解』の和解では「天道」という概念を用いていない籤詩についても、「天道」という概念を用いた解釈をしている。たとえば、『観音百籤占決諺解』の和解においては「天道」について全く言及されていない十六番の第二句「前途喜亦寧」に対する『元三大師百籤』の和解は「てんとうをいのらば、よろこびもあらふぞ」であり、六十二番の第三句「政故重乗ㇾ禄」に対する和解も「てんたうをいのり、せいせいをつくさば、いよいよ、よき也」となっている。こうした例は、四十二番の第二句「雲天好ㇾ進ㇾ程」、六十番の第三句「守ㇾ道當ㇾ逢ㇾ泰」、八十番の第一句「深山多養ㇾ道」、九十番の第三句「前途成㆓好事㆒」の和解においても見出せる。

　つまり、『観音百籤占決諺解』では、籤詩に対する和解において「天道」という概念を用いて解釈するということについては、選択的に継承しているのである。その一方で、『観音百籤占決諺解』は、注解の部分において「天道」に対する信仰を強く説くという形で、それまでの元三大師御籤本に示された「天道」への信仰を継承したと言うことができよう。

　では、このような「天道」とは、元三大師御籤本の読者にとって、どのような存在として捉えられていたのであろうか。江戸時代の「天道」に言及した多くの先行研究において、議論の焦点は、不可視の抽象的な存在としての「天道」に集中し、そうした「天道」に対しての分析が専ら深められていっているが、元三大師御籤本の読者にとっても「天道」は抽象的なものとして捉えられていたのであろうか。

しかし、前節において示したA系統の元三大師御籤本の注解に掲げられた「天道」以外の信仰対象は、いずれも具体的な対象であり、信仰行為として求められているものも「日待」「月待」「庚申待」といった具体的な行為である。元三大師御籤本における「天道」が、かりに目に見えない抽象的なものとされていたならば、元三大師御籤本の注解や和解の中で頻りに説かれている「天道をいのる」「天道をまつる」といった行為を人々はどのようにして行なっていたのであろうか。(54)

このことを考えるための端緒が、『観音百籤占決諺解』の八十一番の籤詩の第一句「道合須二成合一」に対する和解の中に示されている。和解には「道合とは、こんにちのてんとうに叶たらば、何事もじやうじゆすべしなり」とある。ここで注目すべきは「こんにちのてんとう」という表現である。「こんにちのてんとう」とは言い方を換えれば「今日さま」、「お天道さま」である。つまり、ここで言う「天道」とは「お天道さま」、すなわち信仰対象としての太陽を指していると考えられるのである。

そして、この推論を十分に裏付けるであろうことが、『元三大師百籤』の挿絵の中に示されているのである。既に述べたように、『元三大師百籤』は貞享元年に

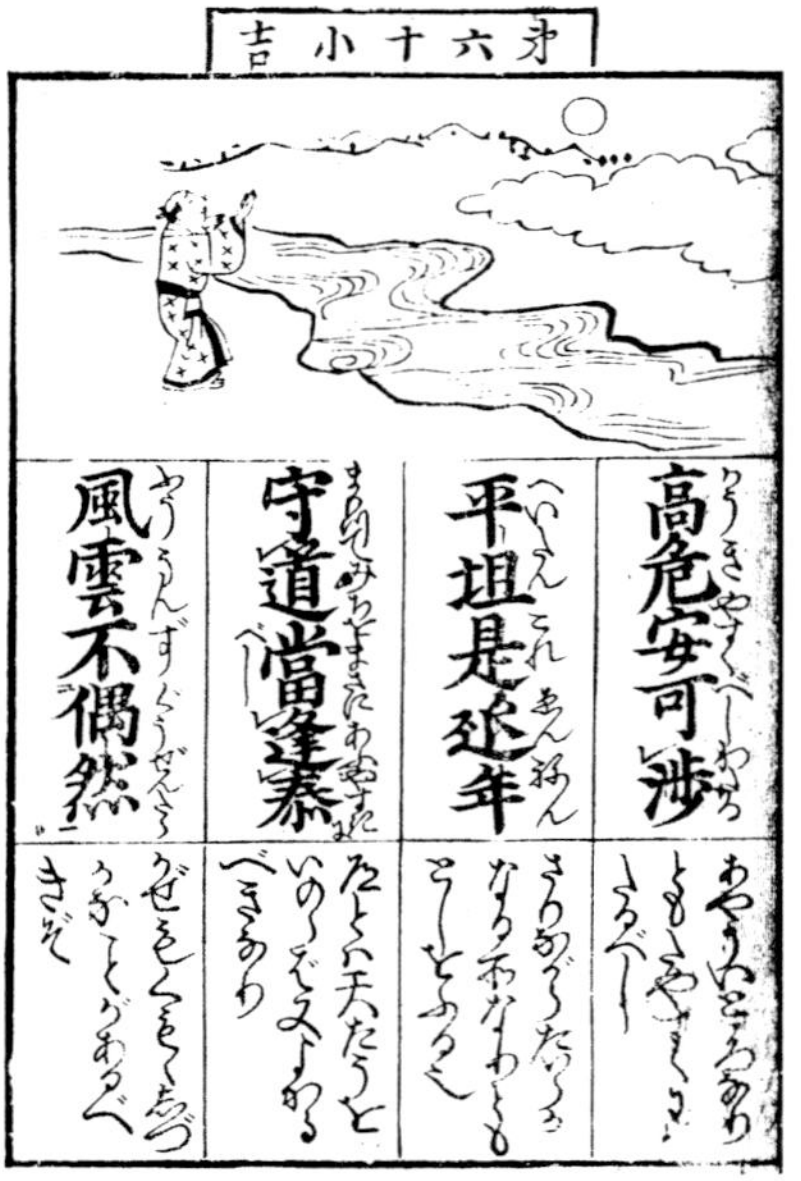

図③

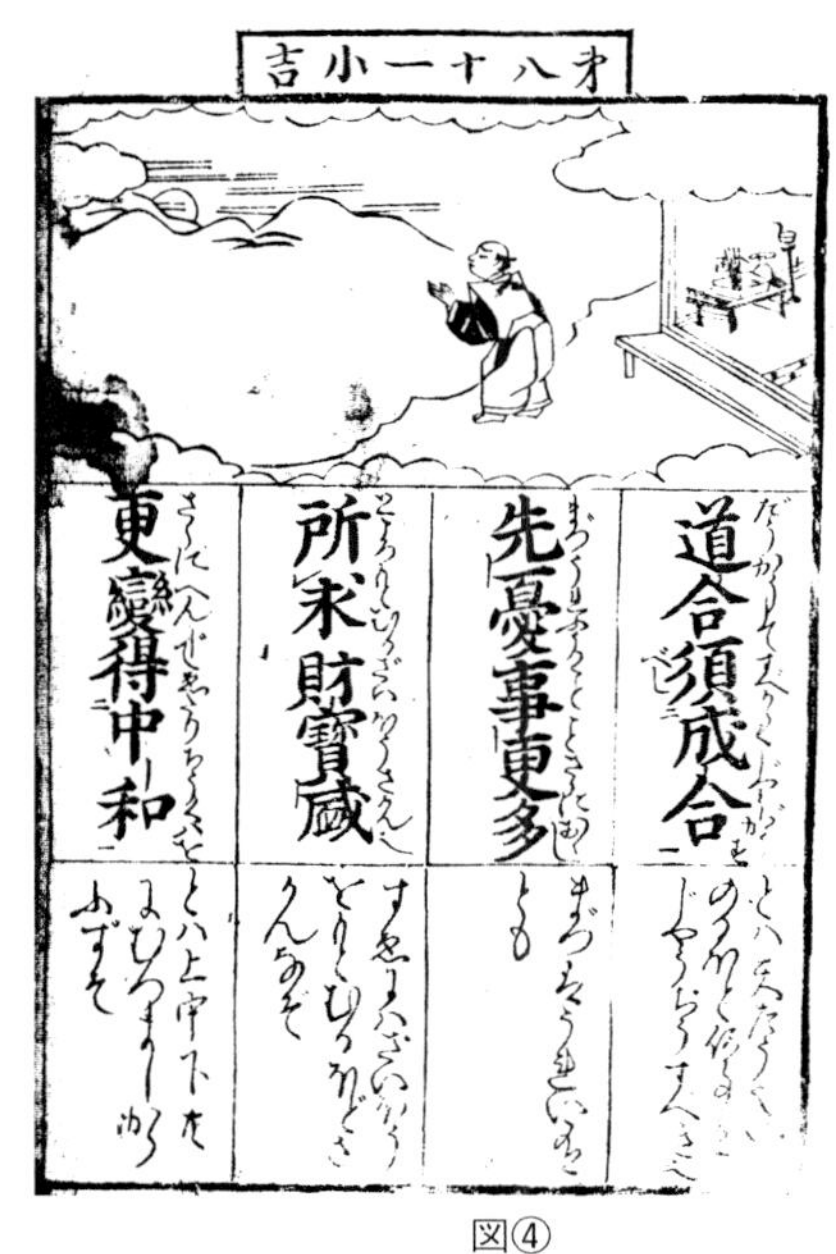

図④

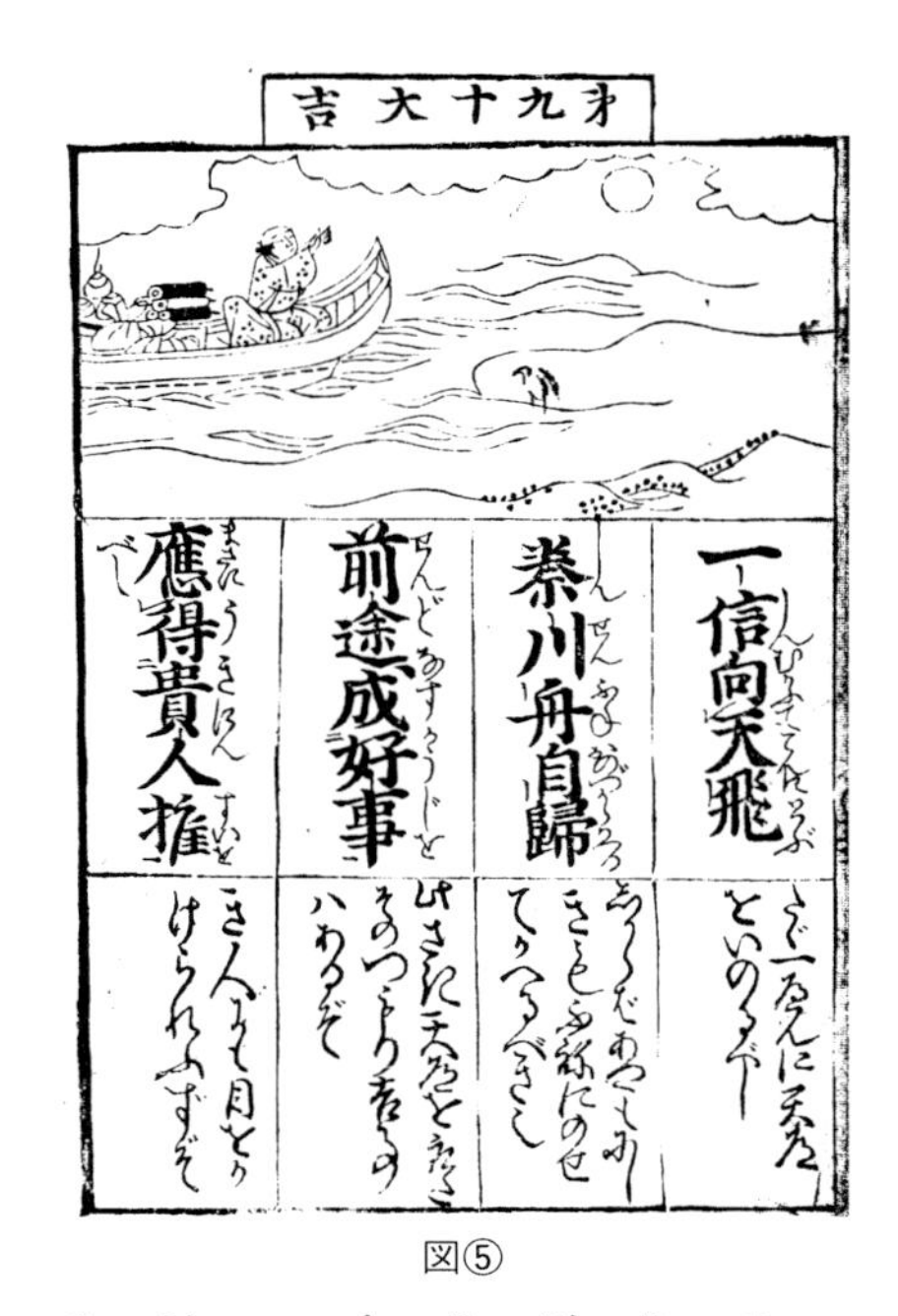

図⑤

刊行され、元三大師御籤本の中で初めて挿絵が付けられたものである。この三年後の貞享四年に刊行されたのが『観音百籤占決諺解』である。『観音百籤占決諺解』には新たに注解が添えられるようになったが挿絵は付けられていない。

［図③］［図④］［図⑤］として掲げたものは、『元三大師百籤』の六十番、八十一番、九十番である。それぞれ中段に籤詩、下段に和解が記され、上段に挿絵が示されている。

六十番の籤詩の第三句「守レ道當レ逢レ泰」に対して、「道とは、天たうをいのらば、又よかるべきなり」という和解が下段に添えられ、第三句を一つの画面として描いたであろう挿絵が上段に示されている。この挿絵の中の人物は、明らかに、お天道さま、すなわち太陽に向かって手を合わせて拝んでいる。

八十一番では、籤詩の第一句「道合須二成合一」に対して、「とは、天たう也、いのるほど、何事もじやうぢうすべき也」という和解が付けられ、挿絵の中の人物は、やはり手を合わせて拝んでいる。そして、その視線のむこうには、やはり太陽がある。

九十番においては、籤詩の第一句と第三句に対する和解において、「天道」に言及がなされている。そして、挿絵には、やはり太陽に向かって手を合わせて拝んでいる人物の姿が描かれているのである。

ここに至って、少なくとも『元三大師百籤』においては、「天道」が太陽という具体的な存在として捉えられていたということが確認できたのである。かりに、元三大師御籤本において信仰対象として掲げられている「天道」が、太陽のことを意味していたと断定することを控えたとしても、太陽が、信仰対象である「天道」を象徴する存在として捉えられていたということは間違いのないことであろう。(55)

ここで、石毛忠氏が「江戸時代初期における天の思想」(前掲)の中で論じている「天道次第」という生き方に目を転じてみたい。石毛氏は、すべてを「天道」の然らしめたこととする考え方は、一面、人々を無責任に、あるいは怠慢にしてしまう危険性があったということを指摘した上で、「天道次第」の生き方とは、「各階層(士農工商)の中でそれぞれ上位者(=天道)に従い、おのおの仕事(=天職)に励むこと」と結論付けている。そして、その例として、寛永十五年(一六三八)刊の『清水物語』の中の次の一節を挙げている。(56)

せかいにみち〳〵て。めん〳〵の天道有とみえたり。さしていつくにあるとはさだめがたし。まつ人の子たらん者は。親を天道とさたむ。親のうちをいて、奉公する時は。主君を天道と云。女はおっとを天道と云。是天道のすみどころなり。是にそむけは。則天道にそむくにてあるへし。是をしらすして天道と云人は。空にありて。人のいふ事をきゝて福をあたへ。つみにあわすると思ふゆへに。洗米をそなへてたらし。餅なと進物にして色〳〵のそしょうを云人多し。たとひ天道に有とても。かはらけのよねにめて。餅のかけにめて丶わたくしにゑこひいきやしられんや。

そして、この『清水物語』の一節に対して、石毛氏は「天道は超越的な人格神ではなく、階層的身分制社会の中で、それぞれの上位者がそのまま天道であると説いているのである。」と解釈している。『清水物語』の天道観は、まさしく石毛氏の指摘する通りであり、『清水物語』は、その天道観をここで強く主張しているのであろう。

しかし、この『清水物語』の一節は、裏を返せば、如何に当時の人々が、『清水物語』の天道観に反する天道観を持ち、『清水物語』の天道観に反する行為を行なっていたかということも、同時に饒舌に物語ることとなっている。『清水物語』において批判されている人々、引用文中の表現で言えば「是をしらすして天道と云人」がおり、こうした人々は、「天道」に供え物をして「天道」を祀り、「天道」に向かって祈っているというのである。このような「天道」に対する態度を『清水物語』は厳しい論調で批判しているのである。これだけの批判が為されているということは、裏を返せば、批判されるに足るだけの実態があったということでもあろう。

そして、こうした『清水物語』の天道観と対極にある天道観を持った人々にとっての「天道」は「空にありて。人のいふ事をき丶て福をあたへ」るものだというのである。この空にある「天道」に向かって、人々は祈っていたのである。『清水物語』において、批判の対象として描かれている人々の姿は、『元三大師百籤』の挿絵の中で、太陽に向かって手を合わせて拝む人々の姿とも実は合致しているのである。

第三節　他力から自力へ

「天道」に対する信仰が、その注解において強く示されているA系統の元三大師御籤本であるが、この「天道」に対する信仰は、これらに先行する、注解を持たない元三大師御籤本の和解に、その源があることは、すでに前節において述べた通りである。しかし、A系統の元三大師御籤本の中で最も成立の早い『観音百籤占決諺解』と、これに先行する『元三大師百籤』双方の和解を比較してみると、「天道」への信仰が継承されている部分がある一方で、そうではない部分もあることに気づく。そのことを最も端的に表わしているのが、籤詩の中の「道」という語に対する解釈の相違である。

前節の［図③］および［図④］としても示した六十番と八十一番には、籤詩の中に「道」という語が含まれている。八十一番については、前節において「こんにちのてんとう」という表現に関して指摘した折にも若干触れたが、この籤詩の第一句「道合須ニ成合一」を『元三大師百籤』の和解が「とは、天たう也、いのるほど、何事もじやうぢうすべき也」と解釈しているのに対して、『観音百籤占決諺解』の和解では「道合とは、こんにちのてんとうに叶たらば、何事もじやうじゆすべしとなり、さて、てんとうにかなふやうに、仁義礼知の五常を、よくまもる事なり」とし、『元三大師百籤』の解釈を継承しつつも、「天道」に対して祈れ、というのではなく、「天道」にかなうように五常の道を守れ、としているのである。言うまでもなく、ここには儒教からの影響が明らかに表われている。

更に、六十番の籤詩の第三句「守レ道當レ逢レ泰」の「道」に対する解釈となると、『元三大師百籤』『観音百籤占決諺解』双方の和解の解釈の相違は一層鮮明である。『元三大師百籤』の和解が、「道」を「天道」と解して、「道とは、天たうをいのらば、又よかるべきなり」としているのに対して、『観音百籤占決諺解』の和解では「一しやうのうち、何事をするとも、五常にはづれぬやうにして、まことのみちをまもりなば、かならず心安き事ばかりにあふべきなり」とし、籤詩の中の「道」を「五常」あるいは「まことのみち」と解しており、「天道」については全く触れられていない。また、八十番の第一句「深山多養レ道」についても同様に、『元三大師百籤』の和解が「道」を「天道」と解釈しているのに対して、『観音百籤占決諺解』の和解では「道」を「天道」とは解していない。

つまり、『元三大師百籤』の和解から『観音百籤占決諺解』の和解に至る過程において、儒教的な思想が添加され、『元三大師百籤』の和解においては、開運招福のためには専ら祈念するように求められていたのに対して、『観音百籤占決諺解』の和解においては、自らの道徳的行為までもが、開運招福のための条件として付け加えられるようになったのである。

要するに、専ら他力によって開運招福が得られるとしている『元三大師百籤』の思想から、開運招福のためには自助努力すなわち自力も必要であるという思想が、『観音百籤占決諺解』の段階で添加されたのである。

ただし、『観音百籤占決諺解』の段階では、このような、言わば「自力性」に大きく傾いているわけではない。『観音百籤占決諺解』の中には、こうした「自力性」と「他力性」が混在している。たとえば、五番の籤詩の第四句「佳人一炷香」に対して、『観音百籤占決諺解』の和解は「かうをたき、天道をいのり、心を正じきにもちたらば、のちは、さいなんもきゑゆくなるべし」とし、『元三大師百籤』の「かうをたき、せいせいをいたし、天道をいのるべきなり」という和解に、心を正直にせよという「自力性」を付け加えている一方で、七十六番の籤詩の第一句「富貴天之祐」に対する和解では、「金銀ざいほう、おおくもつ事も、かうゐ、かうくはんになる事も、てんとうより、うけ来る事也、人のさいかくばかりにてはならぬとなり」と、むしろ「他力性」を強調しているのである。

このような『観音百籤占決諺解』における「自力性」と「他力性」の混在の姿は、注解の中にも顕著に表われている。第一節において述べた注解の職分別判断部分の中では、時として自力による開運が説かれている一方で、総括部分においては、これまで述べてきたような「天道」をはじめとする種々の信仰対象に対して信心せよということのみが専ら説かれている。

ところが、このような『観音百籤占決諺解』をはじめとするA系統の元三大師御籤本の注解における信仰の強調の様相は、B系統の元三大師御籤本、そしてC系統の元三大師御籤本へと移行するにしたがって大きく変化してゆくのである。

A系統の元三大師御籤本の注解の総括部分において掲げられた信仰対象についてては、本章の第一節の中で列記したが、それらの信仰対象がB系統およびC系統の注解の総括部分では、どのように扱われているか、そのことを次のような形で示してみることにした。たとえば、「天道」について（84→44→2）としたのは、A系統の注解の総括部分では、一番から百番までの百本のうち八十四本の中で「天道」が信仰対象として掲げられていたのに対して、B系統では百本のうち四十四本の中で、C系統では二本の中で、「天道」が信仰対象として掲げられているということを示している。

天道（84→44→2）、観音（50→45→0）、神明（27→23→0）、日待（19→11→1）、月待（19→11→1）、年神（9→8→0）、弁財天（9→9→0）、八幡（8→7→0）、大黒（4→4→0）、庚申待（3→3→1）、七夜待（3→2→0）、氏神（2→2→0）、愛宕（2→2→0）、日月（2→0→0）、毘沙門天（2→2→0）、薬師

（1↓1↓0）、千手観音（1↓1↓0）、十七夜（1↓1↓0）、三日月（1↓1↓0）、大般若心経（1↓1↓0）

一見して分かることは、A系統からB系統に移行する過程で、信仰対象が掲げられることは大幅に減り、C系統に至っては、信仰対象を掲げるということ自体が、ほとんど無くなっているということである。そのことについては次章において詳しく見てゆくが、実はA系統↓B系統↓C系統へと移行するにしたがって、注解の総括部分は長文化している。では、信仰を説くということが少なくなってゆく一方で、何が説かれるようになっていったかである。実はA系統↓B系統↓C系統へと移行する過程において、倫理性の強い教訓が説かれるようになってゆくのである。特にC系統の注解の総括部分では、心の正邪、行為の善悪によって、運勢は決まってくるという思想が繰り返し説かれていることになる。

つまり、A系統↓B系統↓C系統へと移行するにしたがって、A系統の元三大師御籤本の中に混在していた「他力性」と「自力性」のうちの、「自力性」のみが強調されるようになってゆくのである。

そして、いま一つ見落としてはならないことがある。A系統からB系統に移行する過程で、信仰対象が掲げられることが、全体を通して大幅に減っているのではあるが、その減り方が著しいものと、そうではないものとがあるのである。「天道」が八十四本から四十四本へと、A系統からB系統へと移行する過程で、ほぼ半減しているのに対して、「観音」は五十本から四十五本へとなっただけである。この他に、「天道」と同様、「日待」「月待」「日月」の減少が著しいことに気づく。このことは、B系統の元三大師御籤本が初めて刊行された文化六年（一八〇九）の頃には、他の信仰対象に比して、太陽や月のような天体の物質に対する信仰が衰退しつつあったことを示しているのかもしれない。[57] あるいは、そうした信仰を衰退させようとする意識が、B系統の元三大師御籤本の著者をはじめとした出版に関わる人々の中にあったという可能性もあるだろう。

本章の最後に、これまで述べてきた元三大師御籤本の思想と石門心学との関係について若干述べておきたい。本章において述べてきた元三大師御籤本の「他力性」から「自力性」への移行には、善書からの影響は言うまでもなく、石門心学からの影響もあったと看取できる。中でも脇坂義堂の思想が注目に値する。

脇坂義堂は手島堵庵にも師事していた心学者であるが、心学者としては異質な人物である。義堂は、開運招福といった応報を目的としての教訓を説いており、占いも用いていた。

義堂は舌禍によって手島堵庵門下を破門されてしまうが、[58] その著作の数においては、心学者の中でも一二を争うほどであり、同時代あるいは以降の人々にも広く影響を与えていたと考えられる。ただし、義堂の著作は、心学者としては、やはり異質なものが大半を占めている。たとえば、『かねのもうかるの伝授』、『かねのなる木伝授』、『福相になるの伝授』、『開運出世伝授』といった書名の著作である。

実は、義堂は心学者とは別のもう一つの顔、すなわち八文字屋仙二郎という書肆の顔を持っていた。[59] そのこともあって自らの著作、あるいは師たる手島堵庵の著作を多く世に送り出すこともできたのであろう。

この脇坂義堂の思想と元三大師御籤本の思想との相関関係については、次章においても触れるが、義堂の思想とB系統・C系統の元三大師御籤本の思想には合致している部分が多くある。

この義堂が、実は「天道」に対して興味深い対峙の仕方をしているのである。その著作の一つ『開運出世伝授』[60] の中で、義堂は次のように述べている。

おろかな人間は、我等がごとく職分に出精もせず、倹約もせず、柔和にもなく、諸事萬事に堪忍もせず、元来苦労勤行に根機をつめぬのみならず、あそびほだへて困窮し、運がないの、天道があはれまぬと、不足だらだら（中略）運は天より与へてあれど、なす事は人にあるの勤をば、なさざるにこそ、こまるなれ

義堂も、『清水物語』を著わした朝山意林庵と同様、「天道」まかせで自助努力をせず、怠惰になっている人々を批判しているのである。ここで言う「天道」を太陽と等置し得るか否かについては、更に検討を要するが、この時代になっても、なお「天道」まかせの人々が多くいたということであろう。多くの義堂の著作が刊行されたのは主に寛政から享和の十八世紀末から十九世紀初頭にかけてである。B系統の元三大師御籤本が刊行されたのも十九世紀初頭の文化六年（一八〇九）のことである。

一方、『清水物語』が著わされたのは、大きく遡って寛永十五年（一六三八）のことであった。ひとたび生活の中に根づいた思想が人々の意識の中で変わってゆくには、多くの月日を要するということであろう。

第五章　元三大師御籤本における倫理的処世訓と現世的願望

第一節　元三大師御籤本における倫理的処世訓

本書の第四章において考察してきたA系統の元三大師御籤本の注解の総括部分と好対照をなすのが、C系統の注解の総括部分である。A系統の元三大師御籤本の場合、一番から百番までのそれぞれの注解の総括部分に、第四章において考察したような様々な信仰対象が示されていたが、これに対してC系統の元三大師御籤本の場合、A系統のような具体的な信仰対象が示されているのは、一番と八十五番においてのみである。勿論、C系統の元三大師御籤本中の、それ以外の九十八本において全く信仰について説かれなくなっているわけではない。A系統のように具体的な信仰対象が種々示されてはいないが、C系統の元三大師御籤本にあっても、漠然と神仏を信仰せよとの旨が、百本中、三十一本の中で述べられている。とは言え、A系統の元三大師御籤本とC系統の元三大師御籤本の注解の総括部分を比較すれば、A系統の元三大師御籤本からC系統の元三大師御籤本へと移行するに至って、信仰を説くという性格が薄れていっていることは明らかである。

そして、C系統の元三大師御籤本の注解の総括部分において、信仰を説くという性格が稀薄になったのとは対照的に、頻りに説かれるようになったのが倫理性の極めて強い処世訓である。そのこともあってC系統の注解の総括部分は、A系統のそれと較べて、かなり長い文章となっている。(61) なお、B系統の注解の総括部分は、A系統とC系統の注解の総括部分の両者の性格を合わせ持っており、その成立時期から考えても、B系統の元三大師御籤本の注解は、A系統からC系統への過渡的な存在として位置づけられるのではないかと考えられる。

さて、C系統の元三大師御籤本の注解の総括部分には、いま述べたように、倫理性の強い処世訓が頻りに説かれているのだが、それら処世訓を内容ごとに整理して掲げると次のようになる。なお、( ) 内の数字は、一番から百番のうち、何本において説かれているかを表した数字である。また、☆印以下に列ねたものは、かくあるべきとする行為であり、★印以下に列ねたものは、☆に対応するかたちで、かくあってはならぬとする行為である。(62)

①☆正直（15）、正道（6）、正路（2）、心正しくす（6）、身の行ひ正しくす（7）、行ひ正しくす（1）、身の行ひを改む（1）、身もち正しくす（3）、万事正しくす（1）、中正（1）、誠の心（1）、誠をつくす（2）、信（まこと）あり（1）

★虚言（1）、非義（1）

②☆倹約（6）、散財することをつつしむ（1）、ひかへめにす（2）

★放蕩（1）、無益のことに金銀を費す（2）、奢（おごり）（2）

③☆堪忍（4）、辛抱（3）、根気（1）、心ながくす（3）

★短気（10）、油断（3）、性急（4）、急性（1）

④☆へりくだる（7）

★おごり高ぶる（2）、高ぶりおごる（1）、高ぶる（1）、おごりほしいままにす（1）、万ほしいままにす（1）

⑤☆家業に精を出す（6）、出精す（1）、家業を一心につとむ（1）、家業をはげみつとむ（1）、家職を大事にす（2）、産業（なりはひ）をはげむ（1）、身をこらしはたらく（1）、身をおしまずかせぎはたらく（1）、はげみかせぐ（1）、はげみつとむ（1）、たゆみなくはげむ（1）、志をはげむ（1）、（各々の）道を一心にこりはげむ（1）

⑥☆分別ある人また目上の人のさしずにしたがふ（1）、分別ある人の教へにしたがふ（1）、目上の人の教へにしたがふ（1）、よき人の教へにしたがふ（1）、徳ある人の行ひを学ぶ（1）

★主親のいさめにしたがはぬ（1）

⑦☆善事（3）、善根（2）、心を善にす（1）

★邪なる事をなす（1）

⑧☆五常（6）、忠義（1）、忠孝（1）、主人親師匠などによくつかへる（1）

⑨☆足ることを知る（1）、身の貧窮をかなしまぬ（1）、人の富貴をうらやまぬ（1）

★貪欲（1）、そねむ（1）

⑩☆慈悲（1）、人と和（なご）やぎまじはる（1）、道を守る（1）

以上、C系統の元三大師御籤本の総括部分において説かれている処世訓を、その内容に応じて①～⑩の類に整理してみた。いずれの類に属させるべきか判断に迷うものもあったが、大凡の類別をすると、このようになるのではないかと思う。①の類は、正直を筆頭に、心の正しさ、行ないの正しさを勧め、嘘、偽りを戒めるものであり、これに類する処世訓が最も多い。②の類は、倹約を勧め、浪費を戒めるもの。③の類は、堪忍、辛抱を勧め、短気を戒めるもの。④の類は、謙譲を勧め、傲慢になることを戒めるもの。⑤の類は、精勤の勧め。⑥の類は、独断専行への戒め。⑦の類は、善行の勧め。⑧の類は、特に儒教的な徳目。⑨の類は、知足の勧め。そして、①〜⑨のいずれにも分類しにくい、その他のものを⑩とした。

①〜⑩に含まれる処世訓の全てが、厳密な意味での倫理性を持っているとまでは言えないが、C系統の元三大師御籤本の注解の総括部分において、実に頻繁に様々な処世訓が説かれており、その多くが広義での倫理性を多分に持っているということは言えよう。

第二節　元三大師御籤本における現世的願望

C系統の元三大師御籤本では、頻りに倫理的処世訓が説かれている一方で、願望の実現、更に言えば欲望の充足に関する言及も頻繁になされている。おみくじというものの持つ性質上、これは必然的なことなのかもしれないが、この欲望の充足が、実は前節において述べたC系統の元三大師御籤本の倫理性とも密接に関わっているのである。

その問題について述べる前に、まず、C系統の元三大師御籤本の注解の総括部分の中で、その実現が期待されている願望が如何なる性格のものであるかということについて触れておきたい。そこで、前節において示した倫理的処世訓の場合と同様、C系統の元三大師御籤本の注解の総括部分において言及されている具体的な願望を内容ごとに整理して掲げてみることにする。なお、（　）内の数字は、前節と同様、一番から百番までの百本のうち、何本において言及されているかを表わした数字である。

①家業の繁昌（14）、金銀財宝（13）、利得・利潤（8）、身代・身上が増す（7）、家が富み栄える（2）、加増（1）

②立身出世（19）、名声（8）、官位が上がる（3）

③知行が増す（6）、官禄が上がる（3）、富貴（1）、栄花（1）

④子孫の繁栄（7）

⑤安楽（3）、安心（1）

⑥長命（1）

⑦親族の和順（1）

以上、C系統の元三大師御籤本の注解の総括部分において言及されている願望を、その内容ごとに①〜⑦の類に大別をしてみた。①の類は、経済的繁栄への願望に類するものであり、金銭欲に基づくものと言ってもよく、この類の願望が最も多い。これに続くのが②の類、すなわち出世欲、名誉欲に基づく願望である。③の類としたのは、①・②双方の類の願望を兼ねているものである。一見して明らかなように、実現が期待されている願望の大半は①〜③の類に属している。つまり、C系統の元三大師御籤本の注解の総括部分において言及されている願望の多くは、経済的な繁栄への願望、立身出世への願望といったものである。C系統の元三大師御籤本の注解の総括部分には富や名声を得たいという世俗的な願望が満ち溢れているのである。その一方で、仏籤でありながら、往生極楽への願いは一つとして無いことに注意しなければならないが、このことについては後に触れることにしたい。

経済的繁栄や立身出世といったものへの願いが、いわゆる与楽への願望であるとすれば、これらとは別に苦抜への願いも一方でまた示されている。免れたいと願うものとして掲げられているのは次のようなものである。（　）内の数字については、これまでと同様である。

①損失（11）、身上の破滅、身上の衰え（3）、財宝が尽きる、財宝が離れる（3）、家督を失う（2）、財宝が得難い（2）、知行を失う（1）、出世できない（1）、おちぶれる（1）

②離別（3）、家内不和（3）、腹心や下人の心がわり（1）

③火災（2）、盗難（1）

④住所不定（4）、困窮（3）、病気（2）、心づかえ（1）

ここで①の類としたのは、経済的繁栄および立身出世への願望に対応するものであり、これに属するものが大半を占めている。中でも経済的繁栄の喪失を避けたい、免れたいという願いが圧倒的に多い。なお、②の類としたのは、人間関係での問題に起因するもので、ここから生じる苦しみや悲しみや煩いから逃れたいという願いである。また、③の類は災難、④の類はその他である。

以上、C系統の元三大師御籤本の注解の総括部分において示されている与楽あるいは苦抜の願いが如何なる性格のものであるかを見てきたが、これまでも述べた通り、その大半が、経済的繁栄への願望、あるいは立身出世、名声を得ることへの願望といった世俗的な願望なのである。そして、これとは対照的に、往生極楽、後世救済への願いは全く示されておらず、また、煩悩を滅却したい、あるいは悟りを得たいという願いもない。ここに示された願いは全て現世利益への願望で貫かれている。

後世救済への願望が衰え、後世よりも現実の生活を重視するようになっていった江戸時代の仏教思潮[63]が、ここには垣間見えてくる。また、時には身勝手とも思える現世での願望、欲望までも拒絶せず叶えてくれようとする観音への信仰も色濃く反映されているように思える。大半の元三大師御籤本の巻頭には、正観音、十一面観音、千手観音それぞれの御影と呪（真言）が掲げられ、観音の御影を拝し、呪を唱えてから御籤を引くよう説かれている。元三大師御籤は観音籤とも称されており、元三大師自身も如意輪観音の化身とされている。信仰という要素がA系統の元三大師御籤本に較べて稀薄になったC系統の元三大師御籤本であっても、観音信仰という背景は依然として持っているのである。C系統の元三大師御籤本の現世的願望は、後世よりも現実の生活を重視する江戸時代の思潮という時代性と、現世利益を積極的に説く観音信仰という仏教の伝統との言わば交点に在ると言うことができよう。[64]

第三節　倫理的処世訓と現世的願望との関係性

これまで、C系統の元三大師御籤本の注解の総括部分には、倫理的処世訓が頻りに説かれている一方で、現世的願望についても多く述べられていることを指摘してきたが、では、この両者、すなわち倫理的処世訓と現世的願望とは、C系統の元三大師御籤本において、どのような関係にあるのだろうか。以降、C系統の元三大師御籤本の具体的な記述に即して、このことについて考えてみたい。

たとえば、C系統の元三大師御籤本の七十八番（大吉）の注解の総括部分において、倫理的処世訓と現世的願望は、「万事正しく忠孝の心をゆるめず、瑣細の事にかかわらず、時の来るを待ば、大いなる立身出世して、知行財宝身にあまり、子孫長く繁昌すべし」という文脈の中で述べられている。善き心掛けをしていれば、立身出世、経済的豊かさ、子孫の繁栄といった現世的願望が叶うというのである。つまり、願望の実現の可否の条件として、倫理的行為の如何が説かれているのである。

このような例は枚挙にいとまがない。と言うよりも、C系統の元三大師御籤本において示されている倫理的処世訓は全て現世での願望の実現の条件として説かれているのである。つまり、願望の実現という応報への期待が前提となった倫理的行為として説かれているのである。このような応報を期待した行為が果たして純粋に倫理的と言えるか否かということは重要な問題であり、後にも再び言及しなくてはならないが、いずれにせよC系統の元三大師御籤本における倫理的処世訓は、このような現世的願望の実現との関係において説かれているのである。

先に示した七十八番は大吉であったが、凶の場合とて、倫理的処世訓と現世的願望との関係は同様である。たとえば二十六番（凶）には「運気のつよきにまかせ、万高ぶりおごる心あれば、損失おほくしだいにおとろへなんぎの身となる、又心正しく、物事倹約を守り、家業に精を出すときは、おひおひに家はんじやうし、金銀財宝おのづから聚りきたるなり」とある。凶の運勢であっても、心正しく、倹約を心掛け、家業に精を出すといった倫理的処世訓をきちんと守ってさえいれば、家業は繁盛し、金銀財宝が自然に集まってくるというのである。ただし、その反面、高ぶりおごる心を持っていると、損失が重なり、難儀の身となってしまうとしていることにも注意をしなくてはならない。これに類する教訓、つまり本章第一節において、かくあってはならないものとして★で示した行為に及んだならば、願いが実現しないどころか、甚だしい悪果を招くといったことも、C系統の元三大師御籤本においては多く説かれているのである。たとえば四十二番（吉）には「吉のみたのみて、万ほしいままにふるまひ、主親のいさめに順がはずば、却て大にわろし」とある。先に示した二十六番が凶であったのに対して、この四十二番は吉である。しかし、引いた御籤が吉であっても、行為の如何によっては、その結果として悪果が訪れるのである。

次に三十五番（吉）を見てみたい。

此みくじにあふ人は、智恵分別あるよき人の教にしたがひ、身をはげまして、善事をおこなはば、武家出家は、末大いに出世し、老後には万人に仰ぎ尊まるる身となるべし、俗人は我よりかしこき人のさしづにしたがひはげみかせがば、財宝おひおひに聚るなり、されども少しにても邪なる心あるに、心みぢかく我意にまかせて、事を性急にせば、さんざん不仕合となるべし、よくよくつつしみてよし

以上は、三十五番のC系統の元三大師御籤本の注解の総括部分の全文であるが、ここには、C系統の元三大師御籤本の思想の幾つもの注目すべき特質が表われている。まず、前半では、独断専行を慎み、精励して、善事を行なえば、立身出世、名声、経済的繁栄という願望が叶えられるという、これまで述べてきた現世的願望の実現の条件としての倫理的処世訓が説かれている。そして、後半では、やはりこれも、これまで指摘してきた通り、かくあってはならぬという行為に及べば、その結果として不幸が訪れるのだということが説かれ、邪心を持つこと、短気となること、我意にまかせて物事を行なうこと等が戒められている。

更にここで注意しておかなければならないのが、この元三大師御籤本の教化の対象に、武家や出家までもが含

まれているということである。元三大師御籤本の注解には、武士あるいは出家も含む職分別の吉凶判断が加えられていることは、既に述べた通りである。このことを勘案すれば、武士あるいは出家も元三大師御籤本の歴とした読者層であり、かつ、元三大師御籤本の倫理的な教化の対象となっていることが分かる。本来、民衆を教化し導くことを少なくとも建前としていた武士や出家までもが、ここに含まれているということは、やはり特筆すべきことであろう。

この三十五番（吉）の場合、武士と出家の願望は、俗人の願望とは区別されており、俗人の願望が経済的繁栄であるのに対して、武士と出家の願望は、「大いに出世し、老後には万人に仰ぎ尊まるる身となる」といった願望となっているが、このような傾向は、三十五番のみならず、他の番号の注解においても、しばしば見られる。たとえば四十五番（吉）には「武士学者出家などは立身して名をあらはし、俗人は金銭財宝を得て身しやう富さかへ、人にうらやまるる身となるべし」とあり、俗人たちの願望が経済的繁栄への願いであるのに対して、学者も含めた武士や出家の願望が、立身出世や名声を得ることであることが分かる。ただし、二十五番（吉）には「武士は官禄をまし、町人はしんしやうはんじやうする時にあへり」ともあり、武士の場合、立身出世のみならず、俸禄が増すことによって経済的に潤うことへの願望も示されている。経済的繁栄への願望は、その身分や職業の別なく抱く願望であることは当然であるが、その一方で、武士や出家の願望として、武芸の上達なり、悟りを得ることなどについては一度たりとも触れられていないということは、やはり見落としてはならないことであろう。武士や出家を、あえて「俗人」と区別しているにもかかわらず、その願望は、商人たちと何ら変わらないどころか、商人たちの経済的繁栄への願望に、更に立身出世や名声への願望までもが加わった、商人以上に俗化した願望となっているのであるが、ここには寧ろ江戸時代の武士や出家の本音とも言うべきものが映し出されていると言うこともできよう。

第四節　運勢転換の思想

前節において引用した三十五番（吉）では、その前半部分においては、独断専行を慎み、精励して、善事を行うようにせよという倫理的処世訓を守れば、立身出世、経済的繁栄という現世的願望が叶うのだという教えが説かれ、逆に、邪心を持ち、短気となり、我意にまかせて物事を行えば、不幸という悪果を招くということが、後半部分において説かれていた。そして、前半部分と後半部分は「されども」という逆接の接続詞で結ばれている。

三十五番は吉であり、立身出世、経済的繁栄といった吉事を招くための条件が示されているのは当然であるが、「されども」以降の後半部分には、吉であるにもかかわらず、心掛けや行ないが悪ければ、不幸になるとの戒めが説かれているのである。つまり、吉を引いた場合であっても、無条件に幸せになれるというのではなく、心の正邪、行ないの善悪によって、幸せにもなれれば不幸にもなるとしているのである。このような論法は、三十五番に限ったことではなく、C系統の注解の総括部分を貫く重要な思想となっている。

C系統の元三大師御籤本の注解の総括部分には、「されども」のような逆接の接続詞を用いて、三十五番と同様の思想が展開されているものが、百本中、二十八本もある。たとえば九十番（大吉）では、「然れども」という逆接の接続詞が用いられ、「然れども」以降の後半部分で、やはり強い戒めが説かれ、これに従わなかったならば、立身出世や経済的繁栄の最も対極にある「おちぶるる」という結果を招いてしまうとしている。引いた番号の運勢が、たとえ九十番のように大吉であっても、心掛け次第では、恐るべき悪果が訪れるとしているのである。このような思想が、「されども」「然れども」という逆接の接続詞によって導き出される形になっており、こうしたものが、百本中、二十八本もあるのである。そして、逆接の接続詞を用いることをせずに、同様の思想が展開されているものとなると、それは更に多くなる。と言うよりも、心の正邪、行ないの善悪によって、運勢は如何ようにでも転換してしまうという、このような思想がC系統の元三大師御籤本の注解の総括部分全体を貫いているのである。九十番の場合は、その思想を「吉事も凶事と変じ」という一言で直截に表わしている。

この「運勢転換の思想」とも言うべき思想は、何も吉や大吉の注解のみで説かれているのではない。二十六番（凶）では「心得やうによりて、善事（よきこと）も悪事となり、又あしき事も吉事（よきこと）となるなり」としている。この二十六番で言う「善事」は、「吉事」と言い換えられていることから、行為としての善行ではなく、結果として起こる善い事であることは言うまでもない。善い事が起こるはずの人も、心得ちがいをすれば、悪い事が起こり、また、その逆もあるというのである。運勢とは、決定づけられた変えることのできないものではなく、正反対に逆転することもあるものと捉えられているのである。

また、三十四番（吉）には「心いそがず、よくよく身をつつしみ、正直をまもりて、万事をなしてよし、もし邪なる事をなさば、是より運気かたむき身をほろぼすにいたる」とある。ここにも「運勢転換の思想」が説かれている。先に触れた九十番には「吉事も凶事と変じ、おちぶるるなり」とあり、あるいはまた二十六番には「心得やうによりて、善事も悪事となり、又あしき事も吉事となるなり」とあった。これらの言説を考え合わせるならば、心の正邪、行ないの善悪によって、運気は動き、運勢は如何ようにも転換し得るものであるということになる。運勢は、決定づけられた変えることのできないものではなく、倫理的行為の如何によっては、全く逆の方向にも転換してしまうものであり、また転換させることができるものでもあるということになる。

であるならば、人知を超えた宗教的な存在の介在は不要になるだろうか。否、そうではない。

既に述べたように、C系統の元三大師御籤本においても、やはり神仏への信仰が促されている。倫理的処世訓を守るのみでは不十分で、神仏への祈念が必要不可欠な場合もあるのである。特に離別や家内不和といった悲しみや苦悩、あるいは火災や盗難といった災難に言及されている場合には、必ず神仏への信仰が説かれている。[65]

そして、このような場合以外であっても、勿論、人知を超えた存在に対する畏怖と信頼の念が前提となっていることは言うまでもない。その人知を超えた存在をどのように想い描いているかは、各人各様で異なっているかもしれない。しかし、それらに対する畏怖と信頼の念が前提となって、C系統の元三大師御籤本における倫理的教化が成り立っていることは間違いない。かりに人知を超えた一切の存在を完全に否定する立場の人間であれば、御籤において何を言われようと、御籤の教えや指示に従おうとすることはあるまい。

第五節　思想史的意義と現代への示唆

本章では、C系統の元三大師御籤本を中心に、その注解の総括部分において展開されている思想について考察を行ってきたが、最後に、その思想的背景、更に思想史的意義および今日的問題との関わりについて若干述べてみたい。

まず思想的背景であるが、既に述べた通り、C系統の元三大師御籤本の思想が、仏教、中でも観音信仰の伝統を承けていることは言うまでもない。また、御籤という占法自体が明らかに易の筮法を模倣したものであり、吉凶をはじめ易の思想が根底に在ることも間違いない。しかし、C系統の元三大師御籤本の思想的背景は、それだけでは説明できない。C系統の元三大師御籤本に説かれている倫理的処世訓の内容からも、また家業の繁昌によって富を得ることが積極的に認められていることからも、そして、C系統の元三大師御籤本の成立時期から考えても、石門心学からの影響を受けた部分が多分にあると考えるべきであろう。

しかし、石門心学とは相容れない点もある。最も大きな問題は、石門心学が基本的に占いという方法は用いないということである。ここで想起される心学者が一人いる。第四章においても触れた脇坂義堂という人物である。義堂の生没年は詳らかではないが、天明期から化政期において活躍した人物で、著述作品の多かったことでは、心学者の中でも群を抜いており、同時代およびその後の時代へも少なからぬ影響を与えていたと思われる心学者である。この脇坂義堂が占いをしばしば行なっていたのである。ただし、義堂の行なっていた占いというのは、その著作を見る限り、寧ろ人生相談に近いものであった。義堂は占いと心学教化を結びつけ、処世訓を説いていたのである。質疑応答の内容は、義堂の著作の中で具に描かれているが、ここで義堂は、正直、倹約、堪忍、辛抱、謙譲を心掛け、家業に精を出すようにと説き、浪費、おごり、短慮を戒めている。C系統の元三大師御籤本と脇坂義堂の思想との関係については、その比較対照をも含め、稿を改めて詳述しなくてはならないが、C系統の元三大師御籤本の思想的背景の一つとして脇坂義堂という心学者の思想を看過することはできないであろう。

次に、C系統の元三大師御籤本において展開された思想の、その思想史的意義について考えてみたい。

江戸時代、その時代のイデオロギーの中核に朱子学の思想が在ったことは言うまでもなく、林羅山をはじめ多くの朱子学者たちが、朱子学の思想に基づき、やはり人びとに倫理的教化を行なっている。これら朱子学者たちの思想が、江戸時代の倫理思想の展開の一つの大きな軸となっていることも事実である。ここでは、C系統の元三大師御籤本において専ら現世的願望の条件として倫理的処世訓が説かれているということの思想史的意義を、林羅山の思想との比較を通して考えてみたい。

まず、元三大師御籤本においても説かれていた「正路」について、林羅山は『春鑑抄』の中で、『孟子』を引きつつ、「正路」とは「義」であるとし、この「義」について、やはり『孟子』を受けて「生ト義トノ二ツヲ兼テ得事ガナラズンバ、死シテ義理ヲトランゾ、義理ニソムヒテハ、イキテモ詮ガナイ」とまで言っている。[66] C系統の元三大師御籤本において、現世的願望の実現という応報のための条件として求められている「正路」に対する意識とは大きく異なったリゴリスティックな意識がここには表われている。「正路」は「義」である以上、命を賭してまでも貫かなくてはならないものなのである。また、『春鑑抄』では惻隠之心について、やはり『孟子』を引きつつ、今まさに井戸に落ちようとしている赤子を救おうとする心を例にとって説明しているが、この場合、その行為に及ぶのは、応報を期待するからではなく、全ての人の心に天理が性として宿っているからであるとしている。

更に『春鑑抄』では、C系統の元三大師御籤本において現世的願望として求められていた金銀財宝についても「金銀米穀ヲツミタクハヘテ持タバ、人ニホドコシテ、義理ヲ本トスルガ道ゾ、軽財尚義ト云テ、財宝ヲヲシマズ、義ヲモツハラニスベキナリ」と、ひたすら富を求めようとする心を厳しく戒めている。また、『春鑑抄』では「貧賤富貴ハ、ミナ天命也、ナニカ天命ニソムキ、ミダリニ富貴ヲモトメテモ、ナラヌコトゾ」と、貧賤であるか富貴であるかは天命によって決定づけられたものであるとし、富貴を求めること自体が否定され、戒められている。ここには元三大師御籤本における富貴に対する意識とは大きな落差がある。

江戸時代の倫理思想の中核にリゴリスティックな朱子学的な思想が厳然と存在する一方で、これとは異なった倫理的教化の方便も一方には在ったということである。それを仏教的という概念で括ってしまうことには問題があろう。江戸時代の仏教は、儒教を大幅に取り入れ、儒教と融合している。元三大師御籤本に関することで言えば、天台宗の僧侶である忍鎧によって著わされた享保十九年（一七三四）刊の『元三大師百籤和解』（前掲）は仏教者側からの解釈であるにもかかわらず、その和文解釈に引用されている文献は仏書よりも儒書のほうが寧ろ多い。

朱子学の思想も嘗てのような思想界での独占的地位は失いつつあった江戸後期、『春鑑抄』に示されているようなリゴリスティックな倫理的規範の強要、あるいは富貴貧賤を生まれながらに決定づけられたものとして強制する思想では、もはや人びとの心をつかむことはできなくなってきたということであろう。[67] となれば、富貴といった現世的願望を認め、それを得るための条件として説かれた倫理的処世訓のほうが説得力を持っていたのではなかろうか。現実の問題として、全く応報が期待できない倫理的行為を強要されるよりも、願望が叶えられるという応報の条件として説かれた倫理的処世訓のほうが、江戸時代の人びとを倫理的行為へと導く効果は大きかったであろう。そして、元三大師御籤本の場合、その倫理的処世訓を説いている主体が、あくまで観音あるいは神仏といった人知を超えた存在であったということも大きな意味を持っていたであろう。同じ倫理的処世訓を説くにしても、それを説く主体が、親や師であるよりも、御籤というツールを通して神仏が諭すほうが、やはり人びとを倫理的行為へと向かわせる効果は大きかったであろう。

勿論、こうして人びとが行なった行為が真に倫理的と言えるかどうかということは、極めて重大な問題である。これを今日的問題と重ね合わせるならば、たとえば若年層の女子の間でかつて流行した「ヘブンズ・パスポート」[68]（町でゴミを拾う、電車で席を譲るといった「善いこと」を一回するたびにシールを一枚貼り、それが百枚たまると願い事が叶うという手帳）のために行なった行為を、どのように捉えるかという問題にも通じてくるであろう。ヘブンズ・パスポートによる願望の実現を信じさせて「善いこと」を行なわせたとしても、無論それは次善の方策でしかない。しかし、ヘブンズ・パスポートという存在がなければ、決してゴミを拾ったり、席を譲ったりしない彼女たちが、そうした行為に及んだことは事実であり、これが疑似的な善行であれ、ヘブンズ・パスポートによって彼女たちは「善いこと」をする契機を与えられたことも事実である。そして、彼女たちの中には「善いこと」をすること自体の喜びに気づいた者もいたであろう。そう考えるならば、このヘブンズ・パスポートという方便を一笑に付して片付けるのみでは済まされないのかもしれない。このことについては、占いが持つ教訓性あるいは倫理性、さらには占いをめぐる社会問題という観点から、稿を改めて述べることにしたい。(69)

第六章　元三大師御籤の受容層に関する一つの仮説

第一節　受容者としての武士

「職分別判断」が附される以前の元三大師御籤本、すなわち寛文十年刊の『天竺霊感観音籤頌 百首』（前掲）あるいは貞享元年『元三大師百籤』（前掲）を詳細に読み解いてゆくとき、或る大きな疑問に遭遇することになる。すでに述べた通り、『天竺霊感観音籤頌 百首』は籤詩と和解とによって、『元三大師百籤』は籤詩と和解と挿絵によって構成されており、『天竺霊感観音籤頌 百首』の和解を『元三大師百籤』が踏襲しているのであるが、それら和解の読者が特定の職分にある者であることを想定して記されていると考えざるを得ない部分が多々ある。

例えば、主に第四章において考察した『観音百籤占決諺解』と同じ四十九番について、『天竺霊感観音籤頌 百首』と『元三大師百籤』それぞれの和解を見てみたい。［図⑥］が『天竺霊感観音籤頌 百首』の四十九番であり（東海学園大学図書館蔵）、［図⑦］が『元三大師百籤』の四十九番である。

四十九番の籤詩の第四句「故故両相撃」に対して『天竺霊感観音籤頌 百首』の和解は「二ツナガラトハ、俗ナラバ文武、出家ナラバ仏法世法ナリ」となっており、『元三大師百籤』においても「ふたつながらとは、ぞくならば、ぶんぶ、しゆつけならば、ぶつほう、世ほうなり」となっている。

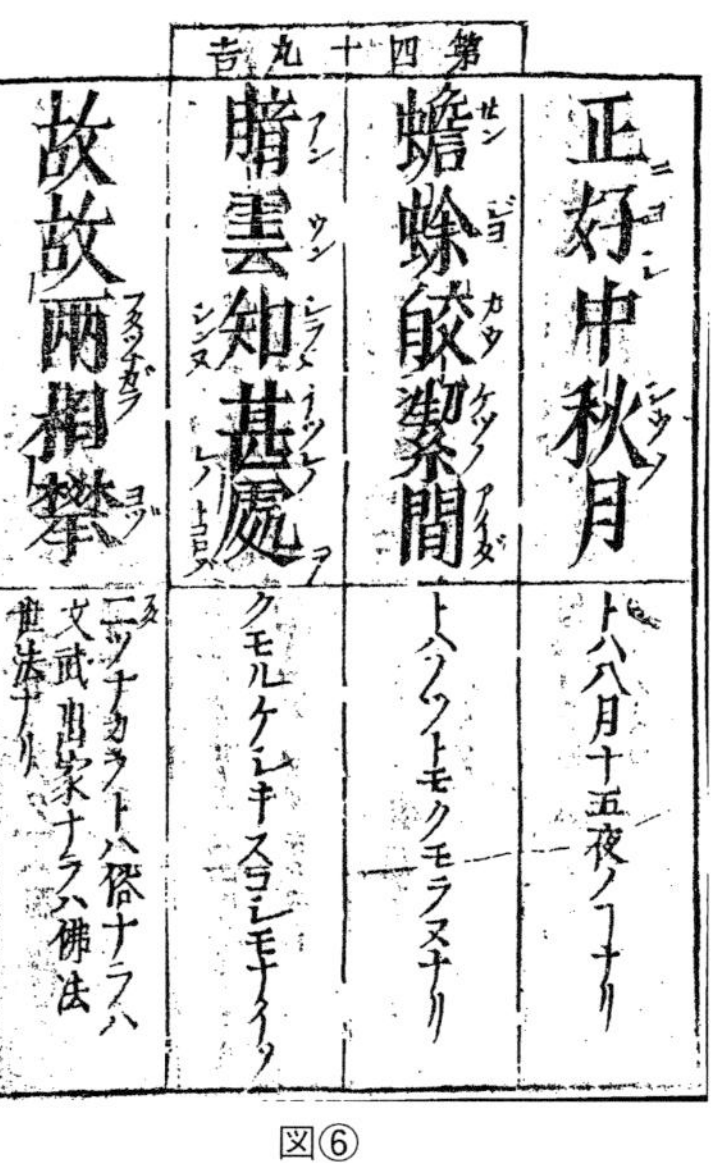

図⑥

図⑦

このような「両」の文字に対する解釈は、七十一番の『元三大師百籤』の第二句の和解が「ふたつながらといふは、物ごとにあるなり、ぶんぶにも、ぶつほう、世法にも」となっている（『天竺霊感観音籤頌 百首』の和解においても、やはり「両トハ、物ゴトニアルナリ、文武ニモ、仏法世法ニモ」となっている）。

ちなみに、「職分別判断」が添えられ、町人あるいは百姓をも受容者と想定している『観音百籤占決諺解』の和解においては、四十九番にあっても、七十一番にあっても、「文武」あるいは「仏法世法」といった表現は消え、例えば［図⑦］として示した四十九番の第二句の和解は「故ことは、それぞれといふ心なり、よくよく仕合よき事なり、よづとは、てににぎる事なり」となっている。

つまり、「職分別判断」を伴う以前に成立した『天竺霊感観音籤頌 百首』と『元三大師百籤』は、その受容者層を侍あるいは出家と想定していたのではないかと考えられるのである。侍に対しては「両」の意味を「文武」と解し、出家に対しては「両」の意味を「仏法世法」と解していたと言うことであろう。

これに類する痕跡を『天竺霊感観音籤頌 百首』およびの和解において他にも見出すことができる。例えば『天竺霊感観音籤頌 百首』の三十五番の和解の場合、第一句に「侍ハ弓矢ヲ取タラバ、ヨカルベキナリ」とあり、第三句には「フダヲ立テ、法度ヲ、オコナフナリ」とある（『元三大師百籤』も同様に「さぶらひは、ゆみやを取たらば、よかるべきなり」「ふだを立て、はつとをおこなふ也」とある）。この三十五番の和解では「侍」以外の職分の者にとって占文としての意味を何ら為し得ないのである。[70]

また『天竺霊感観音籤頌 百首』および『元三大師百籤』の和解の中には、「官位」「高位」という表現が多く使われている。このことは、元三大師御籤本の籤詩の淵源たる『天竺霊籤』の性格に由来することなのでもあるが、『天竺霊感観音籤頌 百首』および『元三大師百籤』という早い時期に成立した元三大師御籤本が、町人あるいは百姓といった人々を主たる受容者とは想定していなかったと考え得る象徴的な一事なのである。

一方、「事象別判断」においても、ある傾向を見て取ることができる。

既に述べてきたように、本書において「事象別判断」と呼んできた部分には、病、よろこび事、まち人、訴訟、うせ物、買物、やづくり、わたまし（引越）、ゆいぶん（約束事）、争い、生死、旅立ち等々のこと、それぞれについての判断が示されているのであるが、[71]この中に、特に注目すべき項目がある。「道具」という項目である。この「道具」という項目、現代のおみくじには、ほとんど示されていることはないのであるが、[72]江戸時代の元三大師御籤本には、示されていることが極めて多い。そして、この「道具」という項目が記されているか否かで、江戸時代の元三大師御籤本を分類することもできる。

第三章において、他の元三大師御籤本とは全く別系統とした『元三大師百籤和解』、そしてこれを批判しつつも継承している『百籤指南』には、いっさい「道具」という項目に関する記述はない。一方、それ以外の江戸時代の元三大師御籤本においては、いずれにあっても、かならず「道具」という項目に関する言及がある。つまり、本書においてA系統・B系統・C系統とした江戸時代の元三大師御籤本群それぞれ全てにおいて、それぞれに「道具」について言及がなされているのである。

これら「道具」について、A系統・B系統・C系統の元三大師御籤本の記述を比較すると、実は幾つかの注目すべき傾向を見て取ることができる。

こうした元三大師御籤本における「道具」という概念の存在については、これまでの先行研究においては、まったく指摘のみならず、言及すらなされてこなかった事象であるため、ここでは煩を厭わず、その一覧を、A系統・B系統・C系統を比較するかたちで示すと、次のようになる。(73)

一番

A　金物のるい、糸、け、やき物、とかくねだんよろしきたうぐなり

B　金物類、糸類、やき物、とかくねだん高きものとしるべし

C　金物るい、糸るい、陶ものるい、とかく直段高きものなるへし

二番

A　くろきもの、金るい、糸、け、やき物、ねだんよろしきだうぐなり

B　くろきもの、金るい、糸類、やき物、ねだんよろしきだうくなり

C　黒きもの、金るい、陶ものるい、ねだん高きものなし

三番

A　ほとけのだうぐ、こうろ、ぶぐ、ばぐ、いつれもよろしき道具なり

B　ほとけの道具、かうろ、武具、馬具、いづれもよろしき道具なり

C　佛の道具、または香炉、武具、馬具、何れもよろしきものなるべし

四番

A　しよもつ、かけ物、ゑのるい、びやうぶ、うりけんじやう、ゆづりふみなどよろし

B　しよもつ、かけ物、ゑの類、びやうぶ、沽券、ゆづり状など、よろしきものなり

C　（なし）

五番

A　たち、かたな、大工だうぐ、なべ、かま

B　太刀、かたな、大工道具、なべ、かま

C　太刀、かたな、大工道具、鍋、釜、すべて鉄道具なり

六番

A　かけゐ、おんぎよくのうつわ物、たち、かたな、ぬり物なり

B　かけ物、おんぎよくの道具、太刀、かたな、ぬりもの也

C　太刀、かたな、ぬりもののるいなるべし

七番

A　すすりばこ、から物、長もち、おり物、にしき、きやらのるいならん

B　硯箱、長持、唐物、織物、きやらの類也

C　硯箱、長持、唐物、おり物、香のるいなり

八番

A　たち、かたな、しよもつなり

B　太刀、かたな、書物類

C　太刀、刀、刃もの、書物、くし、かうがいの類なり

九番

A　ぶぐ、ばぐ、長もち、すきだうぐ、かな物、かたな、わきざし、よろづよろしきだうくなり

B　武具、馬具、刀、わきさし、長もち、すき、くわ、金物類也

C　武具、馬具、槍、太刀、長もち、鋤、鍬、金道具なるべし

十番

A　かな物、いとるい、ぶぐ、ばぐ、何れもよろしきたうぐなり

B　武具、馬具、かなもの、糸るい、何れもよろしき道具なり

C　冠、かんさし、櫛、かうがい、刀、脇ざし、いづれもよきものなるへし

十一番

A　ゆみや、しよもつ、たち、かたな、よろしき道具なり

B　弓矢、書物、太刀、かたな、よろしき道具なり

C　弓矢、武具、織物、すべてよき物なるべし

十二番

A　かな物、くわひん、かうろ、ちやのゆ道具、ゑさんの物

B　くわひん、かうろ、ちやの湯のたうく、かけもの、ゑさんのたぐひなり

C　花立、香炉、茶の湯の道具、掛もの、書物のるいなり

十三番

A　かがみ、玉などのたぐい、ゑさんの物、たち、かたな、よろしき物なり

B　鏡、玉、画さん、太刀、かたなのるいなり

C　鏡、玉、画、太刀、刀のるいなり

十四番

A　たから物、金、銀、かたな、わきざし、ねだんよろしきものなり

B　金、銀、刀、脇ざし、價よきもの也

C　玉、鏡、陶器、古き刀、太刀、土によるもの也

十五番

A　おほきなるうつわもの成べし、ねだんげじきのものなり

B　大きなるうつはものなるべし、直段下直の物なり

C　船の道具、漁、すなどりの具か大いなる器の價下直の品なり

十六番

A　いふく、金物、いづれもよろしき道具なり

B　衣ふく、金もの、何れもよろしきものなり

C　衣服、金物、さげもの、いづれもうつくしき物なるべし

十七番

Ａ　いふく、かたな、わきざし、きず有物、よろしからぬ道具なり
Ｂ　衣ふく、刀、わきざしなれども疵物にてよからぬものなるべし
Ｃ　椀、家具のはした物か人形のたぐひ、疵有物なるべし

十八番
Ａ　いと、け、金物、かがみ、たち、かたな、いづれもよろしき道具也
Ｂ　糸るい、金もの、太刀、かたな、いづれもよき道具なり
Ｃ　糸物るい、織もの又は金物るいなど、直高きものなるべし

十九番
Ａ　たち、かたな、やり、長刀、きず有道具、三の内二あらん
Ｂ　武具の類也、三ツの内二ツは疵あるべし
Ｃ　鎗、長刀、大工道具、佛具などなるべし

二十番
Ａ　かたな、わきざし、金物、かがみのるいなり
Ｂ　刀、わきざし、かがみのたぐひなり
Ｃ　刀、わきざし、鏡、金道具のるいなるべし

二十一番

Ａ　金物のるい、ぶぐ、ばぐ、よろしき道具なり

Ｂ　武具、馬具、金物るい、よろしきもの也

Ｃ　鏡、ふるき器物、香炉、珠数、古金物のるいなり

二十二番

Ａ　かけ物、ちやのゆ道具、よろしき物なり

Ｂ　茶道具るい、よろしきもの也

Ｃ　茶道具るい、燭台、手燭などなるべし

二十三番

Ａ　弓矢、たち、長刀、ほかい、長持のるいなり

Ｂ　武具、長持、荷ふ物のたぐひなるべし

Ｃ　長持、篋、旅の具、弓矢なとなるべし

二十四番

Ａ　衣類、たち、かたな、大事の道具なり

Ｂ　衣るい、たち、かたな、大事の道具なり

C　太刀、刀の小道具、又は茶器、衣服などなるべし

二十五番

A　ながもち、たんす、弓矢、刀、わきざし、衣類、大事の道具なり

B　長持、たんす、衣類、又は弓矢、武具の類、大事の道具也

C　長持、櫃、衣類のたぐひなり

二十六番

A　ふぐ、ばぐ、ぐそくのるいなり

B　武具、馬具也

C　武具、馬具なり

二十七番

A　たち、かたな、やり、長刀、にしき、から物、ねだんよき道具なり

B　たち、かたな、やり、長刀、にしき、唐物のよきもの也

C　太刀、刀、かんざし、かうがいのるいなり

二十八番

A　衣類、つづら、長持、びやうぶ、金物ならばきずあるべし
B　衣類、屛風、器物也
C　衣類、屛風のるいなり

二十九番
A　ぶぐ、ばぐ、やり、長なた、ぐそく、弓矢、刀、脇ざし、何もよろしき道具也
B　武具、馬具、よろしきもの也
C　金物、鳴もの、武具、馬具のるいなるべし

三十番
A　かな物、刀、わきざし、きずあるとしるへし
B　かなもの、わきさし、きずある道具なるべし
C　金物、くし、かんざし、すへて疵あるものなり

三十一番
A　しよもつ、たち、刀、やり、弓矢、よろしき道具なり
B　書物、弓矢、武具、よろしき道具なり
C　書物、弓箭のるいなるべし

三十二番
A　刀、わきさし、大事の道具なり
B　刀、わきざし、大事の道具なるべし
C　守、印判、刀、大切なる品なるへし

三十三番
A　しよもつ、衣類、刀、わきざし、よろしき物なり
B　しよもつ、衣るい、わきざし、よろしきもの也
C　太刀、刀、さげもの、衣服などのるいなるべし

三十四番
A　ゑさんのかけ物、金類、のり物、から物のるいなり
B　ゑさんのるい、かけ物、からもの、金物るい、のりもの、かたちのかはるたぐいの物なるべし
C　書画、かけ物、唐もの、金物、かたちのかはるものなるべし

三十五番
A　しよもつ、弓矢、刀、わきざし、よろしき物なり
B　しよもつ、ゆみや、かたな、わきざし、いづれもよろしきものなり

C　経文、佛具、または武具、弓矢のるいなるへし

三十六番

A　ぬり物、くろき小袖、金物ならは、きず有物なり

B　ぬりもの、黒小袖、金物ならば、きずあるべし

C　ぬり物のるいなり

三十七番

A　刀、わきざし、やり、長刀、よろい、みなさびたり、きずあるなり

B　武具の類、打物類、何れも疵さびあるべし

C　（なし）

三十八番

A　かざい、かたみおくりの物、しよもつ、ゆづり状、大事の物なり

B　家ざい、かたみの品、書もつ、ゆづり状、大事の物なり

C　家財、かたみの品、ゆづり状なと、大事の物なり

三十九番

Ａ　刀、わきさし、きずあるなり
Ｂ　かたな、わきざし、きず有なり
Ｃ　刃物、きずある金物、なべ、かまのるいなり

四十番
Ａ　衣るい、家ざい、刀、わきざし、中の道具なり
Ｂ　家財、かたな、わきさし、中の道具也
Ｃ　ぜん、わん、家具のるい也

四十一番
Ａ　金るい、きず有物なり
Ｂ　かなものるい、きずあるべし
Ｃ　金物るい、疵あるものなるべし

四十二番
Ａ　かがみ、刀、わきざし、ゑさんの物、よろしき道具なり
Ｂ　鏡、刀、わきざし、絵さん物のるい、よろしき道具なり
Ｃ　衣服、金物、書画のるいなるべし

四十三番

A　けだ物の皮、けのるい、ゑさんのから物、よろしき道具也

B　けもののかは、毛のるい、ゑさんの類、から物、よろしきもの也

C　華の物、書画、毛あるものなるべし

四十四番

A　はんしやう、くすりばこのるいなり

B　ごはん、しやうぎばん、暦、くすりはこ、水入、そろばん、ふたつそろふ物、あらそふ物、数ある物也

C　易の具、暦、そろばんのるいなるべし

四十五番

A　馬道具、弓矢、きやら入こうろ、かうはこ、よろしき道具也

B　武具、馬具、乗物、香の道具、数多くつづく物、絵さん、かけ物のたぐひ、いづれもよろしき道具なるべし

C　馬具、弓矢、輿駕、香の道具、数多つづくものなるべし

四十六番

A　金物、やき物、直段よき道具也、きず有べし

Ｂ　家財、かたみの品、しよもつ、ゆづり状、大事の物也
Ｃ　鳴物、家財、ゆづり状、大事の物なるべし

四十七番
Ａ　馬道具、刀、わきさし、衣類也、よろしき物なり
Ｂ　馬の道具、刀、わきざし、衣るい、よろしきもの也
Ｃ　太刀、刀、武具、衣類などなるべし

四十八番
Ａ　から物、すき道具、ゑさんの物、よろしき物なり
Ｂ　から物、数寄道具、画賛の物、よろしきものなり
Ｃ　から物、茶器、書画など、よろしきものなり

四十九番
Ａ　刀、わきざし、から物、鏡、ゑさんの物、直段よろしき道具也
Ｂ　刀、わきざし、唐物、画さんの類、二ツある物よき物也
Ｃ　玉、鏡、太刀、刀、うるはしき物なるべし

五十段

A　刀、わきさし、から物、衣ふく、直段よき道具なり

B　刀、わきざし、から物、衣ふく、よきものなり

C　重るもの、ふたのあるもの也

五十一段

A　から物、ゑさんの物、成程直段よろしき道具なり

B　から物、画さんの類、ねだんよろしきものなり

C　大工道具、書画、墨、筆、鞠のるいなるべし

五十二番

A　金物、きずあり、衣類、きず有、直段、下直なるものなり

B　金物、衣るい、何れもきずあり、下直のものなり

C　古金物、やきもの、古着、いつれも疵あるあしきもの也

五十三番

A　しゆぬりの物、しよもつ、たんす、から物、よろしき道具なり

B　朱ぬりの物、しよもつ、からもの、よろしき道具なり

C　印判のるい、朱塗のもの、車などなるべし

五十四番

A　くろぬりのぼん、鏡、やき物の類、みなきずある道具なり

B　黒ぬりの物、盆あるひはかがみ、やきもののたぐひ、みなみな疵ものなり

C　黒ぬりのもの、盆、膳のたぐひ、疵ある鏡、古刀、すべて疵ある物なるへし

五十五番

A　から物、筆の物、仏ぐ、せいけんのゑさん、かけ物、宜しき道具なり

B　から物、墨蹟、仏具、聖賢の絵、かけ物等なり

C　から物、書画、女の衣服、金物などなるべし

五十六番

A　銭箱、たんす、かけすずり、直段せぬ道具なり

B　銭ばこ、たんす、かけすずりのたぐひなり

C　銭箱、たんすのるい也

五十七番

A　金物、ちやうし、さかづき、おけのるいなり
B　かな物、てうし、さかづき、おけのるいなり
C　銚子、さかづき、槍、長刀など長き物か又桶、たらひのるい也

五十八番
A　水舟、樽、桶、やき物、ちやわん、下段の道具、もしよき物ならば、かならずきず有物なり
B　水船、樽、桶の類、やきもの、茶わん、水壺、下直の道具、疵ものなり
C　樽、桶、茶わん、水つぼのるい也

五十九番
A　衣類、やき物、くろきぬり物、とかくやくにたたぬ道具なり
B　衣類、やき物、黒ぬりの物、よからぬもの也
C　衣類、陶器、黒ぬりのものなるべし

六十番
A　衣類、刀、わきざし、中位の物なり
B　衣るい、わきざし、動かすもの、中ぐらゐの品也
C　太刀、刀、鳴物の類なるべし

六十一番
A　びやうぶ、みす、きちやう、下段の道具なり
B　びやうぶ、みす、きちやうのたぐひ、下だんの道具也
C　屛風、みす、几帳、女の道具なるべし

六十二番
A　刀、わきざし、弓矢、ぶぐ、ばぐ、しよもつ、何も大事の物計也
B　武具、書物也
C　武具か馬具、書物、時計の類なるべし

六十三番
A　かま、くわ、なた、桶、ひつ、下段の道具也、若、上物ならば、きず物なり
B　鎌、すき、くわ、なた、釣ばり、熊手、碇の類、光る物、桶、櫃の類、下段の物なるべし
C　鋤、鍬、鎌、熊手、桶の類なるべし

六十四番
A　衣類、刀、わきざし、硯箱、下段の道具なり
B　衣るい、刀、わきざし、硯箱、下直の道具也

C　（なし）

六十五番

A　衣ふく、なべ、かま、のり物、薬ぶくろ、きやうそく、下段の道具也、若、上の道具ならば、きず有、やくにたたぬなり

B　衣ふく、なべ、かま、のり物、くすりぶくろ、けうそく、上のだうぐはきずあり

C　鍋、窯、輿、薬のぐ、疵有もの也

六十六番

A　ひつ、水舟、じやう、かきがね、下段の道具なり

B　ひつ、水船、錠、かけがね、下だんの道具なり、損じあるべし

C　桶、水壺、古金、古着、疵あるものなるべし

六十七番

A　衣類、長持、たんす、かけ硯、下段の道具なり、上物ならは、きす有なり

B　衣るい、長持、たんす、かけすずり、下だんの道具なり

C　衣類、又は火桶、下駄、杖など麁末なる品なるべし

六十八番
A　しよもつ、ゑさんのかけ物、ちやのゆ道具、衣ふく、上物なり
B　しよもつ、ゑさんのかけもの、茶器のるい、衣ふくのるいなり
C　書画、易の道具、吸筒、弁當、はれ小袖となるへし

六十九番
A　衣ふく、ぬり物、ひつ、長持、たんす、硯箱、下段の道具なり
B　衣ふく、ぬりもの、ひつ、長もち、たんす、下だんの物なるべし
C　女の古着、盆、膳、ぬりもの、破たる道具などなるべし

七十番
A　刀、わきさし、しゆぬりの道具、みなきず物なり
B　かたな、わきざし、朱ぬりの物、みなきずものなるへし
C　太刀、刀、鉄砲、朱塗の物、弓箭のたぐひなるべし

七十一番
A　かき物、かうろ、かう箱、硯箱、衣ふく、中段の物なり
B　書もの、かうろ、かうばこの類、すずり箱、中だんのものなるべし

Ｃ　書画、香炉、香合、すすり箱などなるべし

七十二番

Ａ　衣類、刀、わきざし、しよ物、硯箱、たんすの類なり

Ｂ　刀、わきざし、書物、硯箱等也

Ｃ　刀、脇差、書物、硯箱の類なるべし

七十三番

Ａ　書物、硯ばこ、ゑさんの物、本ぞん、金類、ちやうちんなり

Ｂ　書物、硯箱、挑灯等也

Ｃ　書物、から物、燭台、提灯、硯箱の類なるべし

七十四番

Ａ　刀、わきざし、皮ぶくろ、皮たび、まり、とかく皮の類なり

Ｂ　刀、わきざし、皮袋、皮たびのるいなるべし

Ｃ　刀、脇ざし、皮袋、たびなどのるいなるへし

七十五番

A　水舟、金類ならば、水さし、水ふろ、かま、ちやわん、さかづき、とかく下直の道具なり
B　水ふね、水さし、ふろ、かま、茶わん、さかづき、何れも下直の物なり
C　水さし、水つぼ、女の衣服、目がね、盥、桶のたぐひなるべし

七十六番
A　かなゐ、ます、大工道具、硯ばこ、そろばんのるいなり
B　金物、大工道具、すずり箱、そろばんの類なり
C　金物、大工道具、硯箱、そろばんの類なり

七十七番
A　書物、金類、刀、わきざし、きず有物、下段の道具なり
B　書もつ、かなもの、刀、わきざし、きずあるものなり
C　書物、金物、刀、脇ざし、疵あるものなるべし

七十八番
A　刀、わきざし、衣類、書物、硯箱、上々の道具なり
B　刀、わきざし、書物、衣るい、すずり箱、上々の道具なるべし
C　太刀、刀、馬具、扇石の類なるへし

七十九番

A　金類、刀、わきざし、鏡、さかづき、てうしの類なり

B　刀、わきざし、金物るい、かがみ、さかづき、てうしのるいなり

C　酒の器、鏡、刀、光るものなるべし

八十番

A　書物、かけ物、わきざし、衣類、上々の物なり

B　書物、かけ物、わきざし、衣るい、上々のものなり

C　馬具、車、印判、書物、絹布などなるべし

八十一番

A　衣ふく、刀、わきざし、かけ物、何もいと宜しき道具なり

B　刀、わきざし、かけもののたぐひ、よろしき道具なり

C　書物、掛もの、神の道具などなるべし

八十二番

A　金、銀、しんちうの金物、刀、わきざし、きず物、火鉢、火打、はごなり

B　金、銀、しんちうのかなもの、刀、わきざし、火鉢、火うち、疵あるもの也

C　古金、火鉢、火箸、われたる陶器などなるべし

八十三番

A　衣るい、刀、わきざし、鏡のるい、きず物、又はさひたる物、下段の物なり

B　かたな、わきざし、衣るい、かがみの類、きず物、又はさびたる物、下だんの物なり

C　鏡のふた、黒ぬりのもの、足つぎ、梯などなるへし

八十四番

A　やき物、衣類、刀、わきざしはきす物なり

B　やきもの、衣るい、かたな、わきざし、きずあるものなり

C　陶器、衣類、酒の器などにて皆痕あるもの也

八十五番

A　くすりばこ、から折のにしき、さかづき、刀、わきざし、上々の物なり

B　くすり箱、からおりのにしき、さかづき、刀、わきざし、上々のもの也

C　薬箱、唐の織物、錦、遠目鑑、酒器などなるべし

八十六番

A　金、銀、銭箱、刀、わきざし、上さくの物、からおりにしきのるい也

B　金、銀、銭箱、かたな、わきざし、上さくもの、からおりにしきのるいなり

C　金、銀、銭、玉、鏡、太刀、刀、車、輿、馬具、すべてよろしきものなるべし

八十七番

A　金、銀、刀、わきさし、から物、ふだつきたる道具も有、上々の物也

B　金、銀、かたな、わきざし、唐物、上々の物なるべし

C　玉、石類、金、銀、鋤、鍬、太刀、刀の類なるべし

八十八番

A　衣るい、しよもつ、銭はこ、硯ばこ、下段の道具なり

B　衣るい、ぜに箱、しよもつ、すずりばこ、下だんの道具なるべし

C　女の手道具、重箱、かさね鉢、鍋、釜、疵ある物なるへし

八十九番

A　金、銀、かな物、刀、わきざし、かがみ、ぬり物、玉のるい、上々の物なり

B　金、銀、かたな、わきざし、かがみ、ぬり物、玉石のるいなるべし

C　玉石、砥石、金道具、目がねなどなるべし

九十番
Ａ　衣類、あやにしき、まき物、からよりわたる物、上々直段よき道具なり
Ｂ　衣ふく、あやにしき、唐もののたぐひ、よろしき道具たるべし
Ｃ　綾にしき、おり物、弓箭、船の道具、馬具なとなるへし

九十一番
Ａ　刀、わきざし、衣ふく、硯ばこ、しよもつ、上々の道具なり
Ｂ　刀、わきざし、衣ふく、硯箱、しよもつ、上々のだうぐなり
Ｃ　昜の具、弓矢、太刀、刀、書物、鏡、玉の類なるべし

九十二番
Ａ　弓矢、たち、かたな、ぐそく、ば道具、たびしやうそくのるいなり
Ｂ　武具、馬具、たびしやうそくなるべし
Ｃ　武具、馬具、旅の具、弓矢、衣服などなるべし

九十三番
Ａ　かき物、ゐさんの物、刀、わきざし、上々の物なり
Ｂ　武具、ゐさん物也

C　太刀、刀、釣竿、船の具、中にへだてある物なるべし

九十四番

A　さかづき、てうし、そろばん、ご、しやうぎのるいなり

B　さかづき、てうし、そろばんのたぐひ也

C　盃、てうし、鍋、珠数、扇子、女の道具などなるべし

九十五番

A　しよもつ、ぶんこ、硯、そろばん、衣類、刀、わきさしなり

B　しよもつ、ぶんこ、すずり、そろばん、衣るい、刀、わきざし也

C　書物、なり物、そろばん、船の具、暦などなるへし

九十六番

A　金銀の金物、衣ふく、あや錦、たち、刀、上々の道具なり

B　金、銀、あやにしき、上々物也

C　金、銀、絹布、弓矢、鳥炮、鞠、船の道具などなるべし

九十七番

Ａ　ふろかま、黒きぬり物、びやうぶ、かや、どんちやうのるいなり
Ｂ　ふろがま、くろぬり物、びやうぶ、かやのたぐひ也
Ｃ　風炉釜、茶道具、黒ぬりの物、屛風、蟵、重る箱のるいなるへし

九十八番
Ａ　いとるい、おり物、衣ふく、あみのるい、そろばん、硯箱なり
Ｂ　糸類、おり物、衣ふく、あみのるい也
Ｃ　糸類、おりもの、あみの類なるべし

九十九番
Ａ　金銀の金物、衣ふく、刀、わきざし、上々のふだ物なり
Ｂ　金銀、金物、衣ふく、かたな、わきざし、上々のものなるべし
Ｃ　唐物、めづらしきもの、朱塗の物、円き物、書物などなるべし

百番
Ａ　こと、尺はち、しよもつ、けさ衣、じゆず、茶箱、硯のたぐいなり
Ｂ　書物、けさころも、琴、尺八、じゆず、薬箱、硯のたくひなるべし
Ｃ　袈裟衣、書物、琴、笛、尺八、珠数、薬箱などなるべし

「道具」とは、おそらくは現代の占いで言うところの「ラッキー・アイテム」などと称されるものに類する概念なのではないかと考えられる。

一覧して分かるように、一番から百番までの元三大師御籤本の「事象別判断」の中には、多くの品々が繰り返し「道具」として示されている。

これら「道具」は、基本的には、おのおのの番号の籤詩ないしは和解から導き出されているようではあるのだが、必ずしもそうとも言い難いものも多い。

籤詩から導き出されている例としては、たとえば七十四番などが明らかなものである。七十四番の籤詩の第一句目は、「蛇虎正交羅」であり、第二句目が「牛生二尾多」であり、これらの文言から、動物の皮が連想され、「道具」として「皮袋」「皮たび」といったものが提示されていると覚しい。

また、八十二番などの場合は、A系統に「火鉢」「火打」、B系統にも「火鉢」「火うち」とあり、C系統にも「火鉢」「火箸」とあるのは、八十二番の籤詩の第一句目に「火発応連天」とあることに基づくと考えられる。

あるいはまた、九十二番の「道具」に「たびしやうそく(旅装束)」「旅の具」などと旅仕度のものが「道具」とされているのも、その九十二番の籤詩の第一句目の「自幼常為旅」に起因しているものと考えられる。

一方、A系統・B系統・C系統を比較してみてゆくと、B系統の元三大師御籤本が、A系統の元三大師御籤本を、ほぼ忠実に継承している一方で、C系統は、それらを一部継承しつつも、多くの場合は、書き改められているということに気づく。

特に、C系統に至っては、A系統、B系統と、それまで一番から百番までの全てに必ず示されていた「道具」を示していない番号すらある。三十七番、六十四番などが、その例である。

そして、この流れは実は明治以降にも連なっており、明治になってからは新たに出版されたA系統・B系統・C系統のどれにも属さない元三大師御籤本には、「道具」について、まったく述べられていないものも現れている。おそらくは、こうした系統が、その後も続き、現在のおみくじに「道具」という概念が記されなくなっていったのではないかと思われる。

そして、何よりも注目すべきは、ここに示された「道具」の具体例の品々である。C系統の時代に至ると、それまでのA系統、B系統にはなかった「時計」（六十二番）「目がね」（七十五番・八十九番）「鉄砲」（七十番）あるいは「遠目鑑（とほめがね）」（八十五番）などといった新しい時代を予感させるものが「道具」として示されていることも興味深いのであるが、そうしたこと以上に、これら「道具」を一覧した時に、あまりにも武具の類が頻繁に示されていることに驚く。「道具」が導き出される元となる籤詩すなわち『天竺霊籤』に、武器、武具が示されていることは少ない。あくまでも日本において元三大師御籤本の中の事象別判断が確立されていく中で、「道具」として武器、武具の類が示されるに至っていったのである。

このことは、一体何を示しているのか。

江戸時代、武家身分の者以外は刀などの武具を持っていなかったという誤解がしばしばあるが、武家以外の身分の者たちにも、刀などの武具は所有されていた。したがって、元三大師御籤本の「道具」として武具が示されていること自体は不思議なことではない。しかし、他の品々とくらべて「刀」「わきざし」「長刀（なぎなた）」「槍」、「弓矢」、さらには「よろい」「ぐそく（具足）」といったものまでが、あまりにも頻繁に示されている。

そして、これら「道具」における武具に関する記述を、A系統・B系統・C系統を比較するかたちで詳細に見てゆくと、ある傾向があることに気づかされる。

A系統の元三大師御籤本の一番から百番までの中で「道具」として武具を挙げているのは五十六本（五番、六番、八番、九番、十番、十一番、十三番、十四番、十七番、十八番、十九番、二十番、二十一番、二十三番、二十四番、二十五番、二十六番、二十七番、二十九番、三十番、三十一番、三十二番、三十三番、三十五番、三十七番、三十九番、四十番、四十二番、四十五番、四十七番、四十九番、五十番、六十番、六十二番、六十四番、七十番、七十二番、七十四番、七十七番、七十八番、七十九番、八十番、八十一番、八十二番、八十三番、八十四番、八十五番、八十六番、八十七番、八十九番、九十一番、九十二番、九十三番、九十五番、九十六番、九十九番）にまで及ぶ。

一番から百番までの百本中、五十六本の番号において、武具を「道具」として掲げているのである。つまり六割近くの番号において武具を「道具」として示しているということである。別の言い方をすれば、武具を「道具」として掲げていないものの方が少ないということである。

一体、このことは何を示しているのであろうか。先にも述べた通り、江戸時代、武具の所有は必ずしも武家にのみ所有が認められていたわけではない。とは言え、武家以外の者たちの、いずれもが武具を所有していたわけではない。

たとえば、三十七番のように「刀、わきざし、やり、長刀、よろい」と、「道具」として掲げられているものが武具のみであるようなものもある。このことは、元三大師御籤本の受容層が、その成立の当初にあっては、多くは武家の人々だったということを示唆しているのではないであろうか。

第二節　「道具」という項目

先にも述べた通り、「道具」の記述に関しては、B系統の記述が、A系統の記述をほぼ継承している。このことは、C系統においても同様のことが言える部分もある。

たとえば、十六番の場合、A系統・B系統・C系統のいずれもが、表記の若干の差こそあれ、「いふく（衣ふく、衣服）」「金物（金もの）」を「道具」として掲げている。

同様の例は他にも幾つかあり、たとえば三十八番の「かざい（家ざい、家財）」「かたみおくりの物（かたみの品）」、五十九番の「衣類」「やき物（陶器）」「くろきぬり物（黒ぬりの物、黒ぬりのもの）」、六十一番の「びやうぶ（屏風）」「みす」「きちやう（几帳）」、七十一番の「かき物（書もの、書画）」「かうろ（香炉）」などが、同様に、A系統に示されていた「道具」がB系統のみならず、C系統にも受け継がれることになっている。

このことは武具が「道具」として示されている場合にも、同様の事例を見出すことができるのであるが、しかし、全体を通して見ていったとき、C系統に至って、武具に関する記述に大きな変化が現れる。

たとえば五十番である。A系統が「道具」を「刀、わきさし、から物、衣ふく、直段よき道具なり」とし、B系統も、これを継承し「刀、わきざし、から物、衣ふく、よきものなり」としているのに対して、C系統は「重るもの、ふたのあるもの也」とまったく改めてしまっている。

これに類する例は他にもある。たとえば十七番では、A系統、B系統に含まれていた「かたな」「わきざし」といった「道具」が消え、C系統では「椀、家具のはした物か人形のたぐひ、疵有物なるべし」となっている。

同様の例は他にも多々ある。八十番では、A系統、B系統に含まれていた「わきざし」が消え、C系統では「馬具、車、印判、書物、絹布などなるべし」となっている。また八十一番では、A系統、B系統の「刀」「わきざし」が、やはりC系統では消えている。八十三番も同様で、A系統、B系統にあった「刀（かたな）」「わきざし」が消え、C系統では「鏡のふた、黒ぬりのもの、足つぎ、梯などなるべし」という記述になっている。

あるいは、三十九番のように、A系統が「刀、わきさし、きずあるなり」、そしてB系統も「かたな、わきざし、きず有なり」としているのに対して、きずの有るものであることに関しては継承しつつも、C系統では、A系統、B系統の「刀（かたな）」「わきざし」を「刃物」というような表現に改め、概念を広げ、武具から生活用具へと変えているようなものもある。

こうしたC系統の事例は枚挙に暇がなく、他にも、C系統の十七番、二十一番、二十五番、二十七番[74]、三十番、四十番、四十五番、八十二番、八十四番、八十五番、八十九番、九十五番、九十九番においても、同様の現象が見て取れる。[75]

こうした現象を、われわれはどのように読み解けばよいのであろうか。

侍と出家を主たる受容者として成立し、次第にその受容者層を町人あるいは百姓にまで拡げていったと考えられる元三大師御籤本なのであるが、はじめにも述べたように、これら元三大師御籤本は江戸時代を通して数多く出版され、そして流布していた。ところが、明治になるや、その様相が大きく変わる。幕末期に出版された元三大師御籤本は、現在まで数多く伝えられているのであるが、それに比して明治期に出版された元三大師御籤本は少ない。このことは、明治の神仏分離という問題が少なからず関わってくると思しい。明治期に入り、元三大師御籤本の受容の様相に大きな変化がもたらされるのである。このことについて若干述べておきたい。

明治三年（一八七〇）に官許を得て出版されたとされる『神籤五十占』（著者蔵）という書物がある。この『神籤五十占』には、その著者である白幡義篤によって記された明治三年の自序が冒頭に掲げられている。その自序の中で白幡義篤は次のように述べている。

是まで神社にて、仏占百番にて吉凶をみることになり来る所、こたび王政復古維新の折から、両部神道御廃しになりて神社にて仏占相ることは、いかにと思ひ、こたび出雲大社の神に祈乞て、一七日神の広前に置て、今迄の仏占のごとく、世の人に吉凶の迷ひを神の御心として、知しめば諸人の助けともなりなむ、かくものするなり

この序文の言わんとするところは、明治維新にともない、神社は神社に相応しい神歌による占法を用いるべきである、ということなのであるが、この序文は、同時にそれまで神社においても「仏占百番」が用いられていたという事実をも語っている。「仏占百番」が元三大師御籤を指していることは明らかであろう。つまり、こうした明治維新にともなう神仏分離の動きに至るまでの間は、元三大師御籤が寺院のみならず神社においても用いられていたということである。

既に宇津純氏も「元三大師とおみくじ」（前掲）の中で指摘しているように、現在、寺院において引かれている所謂「おみくじ」は元三大師御籤の系譜に位置するものが大半であるのに対して、神社において引かれている「おみくじ」には元三大師御籤に由来する籤詩が示されていることが少なく、和歌が記されたものが多くを占めている。その端緒が、この『神籤五十占』序文に端無く示されているのである。

第三節　「道具」から見えてくる受容層の変移の様相

A系統からB系統に移行するに際しては、B系統の「道具」の項目が、A系統のそれをほぼ踏襲していることは既に述べた。しかし、そうしたB系統の「道具」に関する記述にあっても、詳細に観察してみると、表現方法

が微妙に改められているものがあることに気づかせられる。

特に武具に関する記述に注目すべき変化が見られる。

たとえば十九番である。A系統の「道具」に関する記述が「たち、かたな、やり、長刀、きず有道具、三の内二あらん」としているのに対して、B系統では「武具の類也、三ツの内二ツは疵あるべし」とする。つまり、A系統の「たち」「かたな」「やり」といった個別具体的な武具に関する表記を、B系統では「武具の類也」と、具体性を排除し、一般化してしまっている。

同様の例は、二十三番にも見られる。A系統が「弓矢」「たち」「長刀」としていたものを、B系統では「武具」の一言に置き換えてしまっている。

また、二十九番の場合などでは、A系統では「ぶぐ、ばぐ、やり、長なた、ぐそく、弓矢、刀、脇ざし、何もよろしき道具也」（傍線著者）と、特に武具に関して、詳細な具体例を挙げている一方で、B系統では単に「武具、馬具、よろしきもの也」としてしまっている。

六十二番の場合でも同様である。A系統にあっては「刀、わきざし、弓矢、ぶぐ、ばぐ、しよもつ、何も大事の物計（ばかり）也」としていたものを、B系統では「刀」「わきざし」「弓矢」「ぶぐ」とある表現すべてを「武具」の一言に置き換えてしまっている。

こうしたA系統からB系統、さらには先に述べたC系統への「道具」に関する記述から、何を読み取ることができるのかである。

著者はこう考えている。

A系統からB系統、そしてC系統へと時代が進んでゆく間、元三大師御籤本が広い職分の階層へと、その受容層を拡大していった。それは、成立当初の武家を主たる受容者層としていた時代から、広く他の職分の階層にも、元三大師御籤本が受容されていった経緯でもあったのではないだろうか。

そして、その過程で、主たる受容層を武家としていたA系統のような元三大師御籤本では、少なくとも「道具」に関する限り、対応に齟齬が生じてきた。

そこで、時代が下り、元三大師御籤本の受容層が武家から他の職分にも広がってゆく過程で、元三大師御籤本は、より普遍的な受容層を獲得するにともなって、それら武家以外の職分にも十分に対応できるよう、変化してゆき、そうしたことによって、また、さらに多くの受容層を獲得していったのではないだろうか。

終章

本書では、まず序章において、本書の視座を提示し、次ぐ第一章では、考察を始めるための前段階として、研究対象としての「おみくじ」の、その諸相について概観した。この第一章においては、特に一般には、ほとんど知られていない元三大師御籤本という史料の存在を様々な角度から照射することに重点を置き、その元三大師御籤本にも多種多様なものがあり、それら史料群が思想史的研究の上でも、文化史研究の上でも、きわめて興味深い存在であることを述べた。

次いで、第二章においては、本書の主たる考察対象である元三大師御籤本のみならず、所謂「おみくじ」に関する先行研究に関して、細大洩らさぬよう摘出し、これらを体系的に整理してみた。そして、この過程において、必然的に、先行研究において既に明らかにされていること、これとは反対に明らかになっていないことを把握することができた。

続く第三章では、多種多様な元三大師御籤本を二通りの視点から類別することを試みた。一つは時系列に基づくものであり、いま一つは元三大師御籤本に記されている注解に基づくものである。

ここで最も重要視したのが、元三大師御籤本に記されている（本書では便宜的に）「総括部分」と呼んだ注解の部分である。この「総括部分」を系列ごとに比較してみたとき、元三大師御籤本の思想史的展開が顕著に表われ

ているこ とに気づかされるのである。

こうした元三大師御籤本の思想史的展開を第四章および第五章において詳細に分析し、検討を加えてみた。第四章においては、主として元三大師御籤本に記された信仰対象に関してであり、中でも、信仰対象としての「天道」に注目した。また、第五章においては、特にC系統の元三大師御籤本に至って頻繁に説かれるようになった倫理的処世訓と現世的願望の関係、さらにはそこに説かれた「運勢転換の思想」に論及するとともに、その思想史的意義と現代への示唆についても言及した。

そして、最後の第六章では、元三大師御籤本の受容層に関する一つの仮説を提示することを試みた。結論から言えば、元三大師御籤は、武家に由来したと考えられ、実は、このことは第四章で述べた「天道」への信仰とも符号することであった。

本書において、これまで述べてきた通り、中国から渡来した霊籤は、日本においては江戸時代、元三大師御籤と称され、寺院わけても天台宗の寺院の僧侶を中心とした層に受容され、その後、各宗派にも波及し、やがて神社でも用いられるようになっていった。また、階層あるいは職業、さらには性別による受容層の変容があることも、関係史料から明らかとなった部分もある。初期の受容層は武家を中心とした層であり、後に町人あるいは百姓といった層に受容層が拡大していったものと考えられる。

ところが、こうした受容の変遷に一大転機が訪れる。明治維新とこれに伴う神仏分離である。これによって、神社において寺院と同様の霊籤（御籤）を用いることが憚られるようになる（そして、これ以降「御籤」を神社においては「神籤」と表記するという傾向が広まったと考えられる）。裏を返せば、それまでの間すなわち江戸時代にあっては神社においても寺院と同様の霊籤（御籤）が用いられていたということである。こうした歴史的現象を勘案した時、神仏習合と神仏分離をめぐる具体的実態を、豊富な文字情報を持つ御籤、神籤という史料群から読み取ることが可能となる。

このように、御籤、神籤およびその周辺の史料群は、神仏習合と神仏分離という日本思想史上の重要な思潮の実相を、具体的な実例を伴って浮かび上がらせるための格好の史料となるのである。

ところが、神社所蔵の史料に関する調査は、その史料の重要性に比して進んでおらず、その情報の収集整理も十分に行なわれていない。特に御籤、神籤に関しては、全国の神社を対象とした調査はこれまで皆無のようであり、日本全国の神社における御籤、神籤に関わる史料の所蔵・所在については、神社本庁、神社史料研究会においても把握されていない。

このような状況を打開し活路を見出すべく、全国の神社に対するアンケート調査を、社会調査法に基づき実施することを計画した。その第一段階として、情報の収集を行い、次いで、その後、順次、依頼を行なうことを予定している。

しかし、おみくじとその周辺領域の研究は、日本思想史およびその周辺分野において、従来、非知的なものとして研究の対象から半ば暗黙のうちに除外されてきた研究対象であった感がある。そこに新たな光を当てることができないかと考えていた。それによって、その時代の多くの一般の日本人が持っていた思考傾向、思想傾向を照射し、一般の人々の思考、思想の方向性、実態を具体的に明らかにすることが可能になると考えているからである。ただ、神社所蔵の史料については、組織的、体系的な調査が行なわれることが極めて稀であった。そのため、神社関係の史料の掘り起こしが必要不可欠となる。現在、その端緒を開くべく、社会調査法の専門研究者である松宮朝氏および研究協力者各位とともに、社会調査法に基づき、全国の神社を対象とした情報収集を行ない、これによって得られた情報に基づき調査研究を遂行する予定でいる。

当該分野においては、こうした社会学と連携した調査研究活動は未だ行なわれていないと認識しており、この試みによって、当該分野の調査方法の一つの形式を示すことができればと考えている。

また、当該調査研究の対象史料は、その史料的価値が見出されぬままに、散逸あるいは消失の危機にさらされている。そのことは現在でも進行しており、かつては所蔵されていたと伝えられる関係史料が既に当該の寺社には現存せず、既に貴重な史料が廃棄あるいは売却されてしまっていることもしばしばある。これらの史料の散逸、消失に歯止めをかけることも、こうした試みの目的の一つである。

本書において縷々述べたように、元三大師御籤は、近世期以降、広く普及し、さまざまな階層の人々に受容されている。そして、それら各階層の人々、たとえば、「武士」「出家」「女人」「人の子（若者）」「町人」「職人」「儒者」「芸者」「百姓」それぞれに関する言説が数多くの元三大師御籤本に記されていることも判明した。教訓書あるいは思想書が、書き手側からの言わば一方的な思想であるのに対して、元三大師御籤本はそれらとは性格を全く異にしている。これら各階層それぞれに向けての言説を分析することによって、近世期の各階層の人々が、何を信じ、何を求め、何を恐れ、何を望み、日々の生活を送っていたのかということが、史料に基づく具体的な形で統計的に明らかになる。それは、それぞれの時代の、各階層の言わば思想の「座標軸」[76]となるものではないかと考えている。日本思想史における思想家あるいは著作を研究する場合においても、この「座標軸」の存在は有効に機能するものと考えられる。

個別の思想家あるいは個別の著作が、その時代の中にあって、多くの人々の思想を代表した思想、集約した思想であったのか、あるいは逆に、同時代の人々の思想傾向とは全く相い容れない思想、ないしは逆行、対抗するような思想であったのかということが、判然としてくるのではないかと考えられる。つまり、こうした「座標軸」によって、当該の思想家と同時代の各階層の人々との言わば思想的距離感とでも言うべきものを測ることが出来るようになるのではないかと考えている。

序章　註

（1）この籤詩が記された御籤は、現在でも寺院に限らず神社においても引かれており、この百首の籤詩それぞれが、百首の和歌に翻案されたものも広く用いられている。明治の神仏分離がなされる以前にあっては、現在よりも更に多くの神社で用いられていたと考えられる。

（2）この夢のお告げについては、宇津純「元三大師とおみくじ」（『仏教民俗学大系・第八巻――俗信と仏教――』名著出版、一九九二年 所収）の中で、その最も早い文献として、延宝七年（一六七九）に胤海によって撰述された『東叡山寛永寺元三大師縁起』からの引用がなされている。この夢のお告げに関しては、元三大師御籤本にあっては、享保十九年（一七三四）刊の『元三大師百籤和解』において言及されている。『元三大師百籤和解』は、武州仙波（現埼玉県川越市）星野山無量寺喜多院の第三十五世忍鎧の作であるが、その序にあたる「元三大師百籤和解引」に以下の記述がある。参考までに掲げておきたい。なお、引用に際しては、愛知県立大学附属図書館蔵の版本により、読点を補った。

> 慈眼大師ノ夢ニ見タマフハ、慈慧大師ノ告アリ云、信州戸隠山ノ神前ニアル観音籤ヲ吾像ノ前ニ安シ、衆人ノ願望アルモノハ、三業清浄シテ拈出セハ、吉凶禍福ヲシラシメント、此霊夢ヲ得テ、已来、東叡山ノ両大師ノ像前ニ置テ、人人吉凶ヲ究ルニ、其靈驗響ノ聲ニ應ズルガ如ク、明鏡ノ妍醜ヲ分ツニ似タリ

（3）「おみくじ」という呼称について、著者が現在確認している最も早い用例は、山東京伝の『通気智之銭光記』（『山東京伝全集・第二巻』ぺりかん社、一九九三年 所収）における、「大しさんのおみくじを、日には、いくたび、うらやさんと、かたれど、おみくじは、まよひをさだむるものなれば、そのやうに、いくたびも、とりなほしては、やくにたたず」（傍線著者）という部分の中の「おみくじ」という表記であるが、この「おみくじ」という表記が江戸時代から必ずしも定着していたとばかりも言えない。江戸時代にあっては、漢字で表記される場合、「御籤（籖）」または「御鬮」と表記されることが最も多く、天保九年（一八三八）の序を持つ『天保新選永代大雑書萬暦大成』（著者蔵）には「御籤」に繰り返し「みくじ」という読み仮名が付されている。また、同書では「御籤」

を「宝籤」と表記する場合もあるのだが、この場合も読み仮名も「みくじ」となっている。さらに明治三年（一八七〇）に官許を得て出版された『神籤五十占』（著者蔵）においても、「御籤」の読み仮名は「ミクジ」となっている。

（4）宇津純「元三大師とおみくじ」（前掲）、橋本萬平・小池淳一編『寛永九年版 大ざつしよ』（岩田書院、一九九六年）参照。

（5）宇津純「元三大師とおみくじ」（前掲）参照。

第一章 註

第一節

（6）昭和二十六年（一九五一）初出。原題は『元三大師の母』。のち、改題され『乳野物語』。『谷崎潤一郎全集 第十六巻』（中央公論社、一九六八年）所収。

（7）引用に関しては、『谷崎潤一郎全集 第十六巻』（前掲）によった。

（8）谷崎潤一郎の『乳野物語』の他にも、元三大師の霊験譚、伝説を収集したものとして、昭和三十四年（一九五九）に初めて刊行され、以降も版を重ねて出版され続けている山田恵諦『元三大師』（第一書房）があり、実在の人物としての元三大師すなわち良源の実像を明らかにすることに論考の主眼が置かれたものとしては、平林盛得『良源』（吉川弘文館・人物叢書、一九七六年）がある。

第二節

（9）この五言四句の籤詩は、中国から渡来してきた『天竺霊籤（てんじくれいせん）』に基づくものである。このことは、つとに酒井忠夫「中国の籤と薬籤」（『中国の霊籤と薬籤集成』風響社、一九九二年 所収）において指摘されている。現存する『天竺霊籤』は宋代のものと目されているが、この宋本の『天竺霊籤』には吉凶が全く示されておらず、この点が日本のおみくじと大きく異なっている。ただし、おみくじの吉凶が日本において添加されたとも言い難い。元禄八年（一六九五）刊の『観音籤註解（かんのんせんちゆうげ）』（東京大学総合図書館蔵）は、明本の『天竺霊籤』を可能な限り忠実に翻刻しようとしたもので、その旨が跋文に記されているが、この『観音籤註解』には、一番から百番それぞれに対する吉凶が明示されている。『観音籤註解』の原資料となる明本の『天竺霊籤』を著者は未だ発見できないため、結論は決しがたいが、明本の『天竺霊籤』において既に吉凶が添加されていた可能性もある。この『観音籤註解』の吉凶において注目すべきは、日本では「末吉」として定着している吉凶の判断が、「未吉」となっていることである。言うまでもなく、近世史料において「末」と「未」の使い分けが為されていないことはしばしばあるが、『観音籤註解』においては「末」と「未」の使い分けが為されている。したがって、おみくじに吉凶が添えられた当初は「末吉」ではなく「未吉」であった可能性がある。

(10) おみくじを引くという行為は、こうした神仏とのパーソナルな関係をつくり出すための重要な過程となっていると思われる。おみくじを引くという行為を通して、占いの結果が導き出される過程に、みずからも深く関与し、そのことによって、おみくじに記されている事柄を、一般論としてではなく、個としての自分自身に対する神仏からの言葉と受けとめられるようになるのではないかと考えられる。現代では、インターネット上でも、種々のおみくじを引くことができるが、その際にマウスを振ってからクリックするよう、指示が為されているものもある。

(11) 特殊な例として、道観（どうかん）（道教寺院）である関帝廟（かんていびょう）で引かれている「関帝霊籤（かんていれいせん）」がある。ここには七言四句の籤詩が記されている。その他の江戸時代に用いられていたおみくじについても、中村公一『一番大吉！――おみくじのフォークロア――』（大修館書店・あじあブックス、一九九九年）の中で紹介されている。

第三節

(12) この一番から百番までを掲載したものとしては、竹内照夫『やさしい易と占い』（社会思想社・現代教養文庫、一九八一年）、藤井俊道・花井竹仙『新しいおみくじの本』（寿海出版、一九八四年）、中村公一『一番大吉！――おみくじのフォークロア――』（前掲）、豊島泰國『秘伝・陰陽道占いの法』（原書房、一九九九年）等がある。

(13) 江戸時代には、元三大師御籤本以外の御籤本（たとえば「関帝霊籤」の御籤本）も出版されてはいたが、その流布、影響、浸透において、いずれも元三大師御籤本に比すべくもない。

(14) 大学図書館、公立図書館にも多くの御籤本が所蔵されているが、研究者個人によって収集されているものも多くある。二又淳「元三大師御鬮本一覧稿」（『近世文芸研究と評論』第六十一号、二〇〇一年 所収）は、こうした御籤本を可能な限り網羅し、これらに書誌学的考察を加えた貴重な研究であり目録でもある。なお、本書の執筆に際しては、二又淳氏をはじめ多くの御籤本所蔵者の方々から、資料の貸与、閲覧をお許しいただくとともに、多くの方々から資料および情報を提供していただくという恩沢にあずかった。また、各分野の先学より数多くの御教示をたまわることができた。伏してお礼申し上げねばならない。

(15) この史料については、司東真雄「天台什物の応永銘『観音籤』考」（『元興寺仏教民俗資料研究所年報・一九七六』一九七七年 所収）において詳細な報告がなされている。また、滋賀県虎姫町の智蔵院にも、作成時期は不詳であるが、同様に御籤竹自体に籤詩が記されている元三大師御籤が所蔵されている。

(16) 露木まさひろ『占い師！』（社会思想社、一九九三年）では、山口県の「女子道社」における種々のおみくじ製作の現場が、ルポルタージュとして描かれている。

(17) 広告の中の札紙の価格については、引用した愛知県立大学附属図書館蔵の『元三大師御鬮』と同じく藤井文政堂・大正四年の刊記を持ち、内容も同一の御籤本『元三大師御鬮』（著者蔵）にあっては異なっており、「日本紙上等印刷鮮明」のものは、十組・千枚が四円三十銭、三十組・三千枚が十二円、五十組五千枚が十九円五十銭で、「洋紙活版摺小形」のものは、十組・千枚が一円、百組・一万枚が九円となっている。

第五節

(18) 大正五年（一九一六）初出。漱石の未完の絶筆。引用に際しては、『漱石全集　第十一巻』（岩波書店、一九九四年）によった。

第二章　註

第一節

(19) この論攷の存在については、二〇〇六年、前田金五郎氏の御教示によって著者は知るに及んだ。只々感謝申し上げるばかりである。

（20）淺田澱橋氏の論攷に先立つものとして、昭和七年（一九三二）に江守録輔氏によって著わされた『周易対照観音籤新釈』があるが、同書は、その書名が表わす通り、籤詩を周易と対照して解釈することに主眼が置かれたもので、その籤詩の淵源への的確な論及は為されていない。

（21）霊籤の受容に関する研究として、酒井忠夫氏には他に「中国・日本の籤──特に叡山の元三大師百籤について──」（大正大学中国学研究会『中国学研究・第十二号』所収　一九九三年）がある。また、日本国外の霊籤についても、丁煌氏、林国平氏などによって、近年、研究が進められている。

（22）たとえば、現在も刊行され続けている『全国神社仏閣ご利益小事典』（前掲）では、序章においても述べた通り、「お籤は天台宗の高僧、元三慈恵大師が漢字で五字宛四行、すなわち二十字に書いてつくられたのに始まり」と解説している。一方、新聞紙上などにおいては正確な表現も為されるようになっている（『読売新聞』二〇〇六年六月六日、関西版夕刊「こころのページ〈おみくじ今昔〉」）。

第二節

（23）この他にも、中村公一氏の『一番大吉！──おみくじのフォークロア──』（大修館書店「あじあブックス」、一九九九年）があり、日本における霊籤の受容をめぐる事柄に対しても詳細な記述が為されているのであるが、同書には先行研究に関する言及が著しく乏しいため、それら詳細な記述すべてが中村公一氏のみの調査に基づくものであるのか、あるいは先行研究に基づき、それらを敷衍する形で述べられたものであるのかを判断することが難しく、結果、研究史上における位置づけに窮する著述となってしまっている。また、近年では新たに平野多恵氏なども積極的に論攷を発表している。

第三章　註

第一節

（24）『中國古代版畫叢刊』（鄭振鐸編、上海戸籍出版社、一九八八年）所収。なお、本書の第二章でも述べたように、日本の霊籤すなわちおみくじの淵源に中国から渡来した『天竺霊籤』の存在があることについては、早くは淺田澱橋氏によって示唆が為され、その後、酒井忠夫氏の研究によって具体的かつ詳細に論及されることとなった。現在確認されている史料の中で、最も早い時期の成立とされるのが、岩手県の天台寺に伝わるおみくじである。この史料に関しては、司東真雄氏の「天台寺什物の応永銘『観音籤』考」（前掲）が詳しい。

(25) 明治維新期の神仏分離が及ぼした影響については、既に宇津純氏の「元三大師とおみくじ」（前掲）がある。宇津氏と同様、著者も明治維新期の神仏分離が、おみくじに与えた影響は少なからずあると考えている。明治三年の『神籤五十占』（前掲）の序文には明治維新にともない、神社には神社にふさわしい神歌による占法を用いるべきであり、そのために『神籤五十占』という和歌による占法を記した書物が必要となったという旨が記されているのであるが、この序文は、それまで神社においても寺院同様のおみくじが用いられていたという事実を同時に語ってもいる。つまり、こうした明治維新にともなう神仏分離の動きに至るまでの間は、寺院のみならず神社においても元三大師のおみくじが用いられていたということである。現在、寺院において抽かれているおみくじが、元三大師のおみくじの系譜に位置するものが大半であるのに対して、神社において抽かれているものには漢詩（籤詩）が示されることが少なく、和歌が記されたおみくじが多くを占めている。こうした事情には、山口県の「女子道社」の活動も大きく関わるのであるが、遡れば、明治維新にともなう神仏分離の影響が少なからず見て取れるのである。なお、既に述べたように、「女子道社」の活動については、露木まさひろ氏の『占い師！』（前掲）が詳しい。

(26) 東海学園大学名古屋キャンパス図書館哲誠文庫（関山文庫）蔵本によった。

(27) 東海学園大学名古屋キャンパス図書館哲誠文庫（関山文庫）蔵本によった。

(28) 『近世文学資料類従・参考文献編十一』（前掲）所収の影印本によった。

(29) 『近世文学資料類従・参考文献編十一』（前掲）所収の影印本によった。

(30) 東北大学附属図書館狩野文庫所蔵の「百籤明鑑」（刊年不詳）と称されるものは、籤詩・和解に加えて注解も記されているのであるが、『観音百籤占決諺解』とは異なり、運勢についての総括と事象別判断のみが記され、職分別判断は記されていない。この「百籤明鑑」は『元三大師御鬮諸鈔』という書名で出版されていた可能性が高い。

(31) 東京大学総合図書館蔵本によった。

(32) 愛知県立大学附属図書館蔵本によった。

第二節

(33) 元三大師御籤本の調査に際しては、多くの所蔵機関から閲覧をお許しいただくとともに、谷脇理史氏蔵本、雲英末雄氏蔵本、月本雅幸氏蔵本、二又淳氏蔵本を拝覧させて頂いた。中でも二又氏からは氏所蔵の数十冊におよぶ元三大師御籤本を長きにわたり全てお貸し頂くという恩沢にあずかった。

(34) 「和解」「注解」という用語については、『近世文学資料類従・参考文献編十一』解題（前掲）に従う。なお、「和解」については「わげ」と読み仮名を付したが、「わかい」と読ませている元三大師御籤本もある。

(35) 『観音籤註解』（柱題「観音籤註」）は、元三大師御籤本の中にあっては、『天竺霊籤』に最も近いものであり、訓点は施されているが、和文による記述は全く無い。したがって和解も無いが、『天竺霊籤』に基づく「解」と「標解」が記されている。

(36) 慈等著。彦根城博物館琴堂文庫所蔵の写本によった。

(37) 著者蔵。

(38) 引用に際しては、読点を適宜補った。

第四章　註

第一節

(39) ただし、伝播の過程で生じたと思しき若干の異同はある。

(40) このことについては、つとに山田恵諦『元三大師』（前掲）において指摘が為され、その後、宇津純「元三大師とおみくじ」（前掲）等において詳細な考察が為されている。

(41) 東北大学附属図書館狩野文庫および東海学園大学附属図書館哲誠文庫所蔵の版本によった。

(42) 前田金五郎氏所蔵の版本を底本とした『近世文学資料類従・参考文献編十一』（前掲）所収の影印本によった。

(43) 註(42)と同様、『近世文学資料類従・参考文献編十一』（前掲）所収の影印本によった。

(44) ただし、嘉永三年（一八五〇）刊の『百籤』（著者蔵）にも注解は附されていないが、この『百籤』は携帯用の御籤箱と一組になって売り出されていた折本状の豆本であるため、注解が省略されているものと推察される。この他、元禄八年（一六九五）刊の『観音籤註解』（東京大学総合図書館蔵）には、和文による記述は全くなく、『天竺霊籤』に基づく「解」と「標解」が漢文で記されており、最も『天竺霊籤』の原型を留めているものである。
(45) 著者蔵。なお『天保新選永代大雑書萬暦大成』に収められているものも、C系統の元三大師御籤本に属する。
(46) A系統の元三大師御籤本の引用に際しては、『近世文学資料類従・参考文献編十一』（前掲）所収の影印本を用い、必要に応じて読点および濁点を補った。
(47) 引用に際しての底本については既に述べた通りであるが、信仰対象を列記する場合に限り原文においては平仮名で表記されているものについても統一して漢字で表記することとした。
(48) 元三大師御籤本に示されている信仰対象と中世における信仰対象との間に、どのような連続性があるのかということは極めて興味深い問題であり、今後の課題として考えてゆきたい。
(49) 大島建彦編『大黒信仰』（雄山閣出版、一九九〇年）、笹間良彦『大黒信仰と俗信』（雄山閣出版、一九九三年）、宮田登編『七福神信仰事典』（戎光祥出版、一九九八年）参照。
(50) 「大吉」から「大凶」までの吉凶の種類については、同じA系統の元三大師御籤本であっても若干の異同があるが、ここでは『観音百籤占決諺解』（前掲）の吉凶にしたがった。

第二節

(51) 『日本思想史研究・第二号』（東北大学文学部日本思想史学研究室、一九六八年）所収。
(52) ただし、既に述べたように、『観音籤註解』は、すべて漢文による記述であり、和文による記述は無く、したがって和解も無い。
(53) 引用に際して、読点を補うとともに、傍線を附した。以降の和解の引用についても同様である。
(54) この問題は元三大師御籤本に限ったことではない。元三大師御籤本と同時代、あるいはそれ以前の史料においても「天道」に対して祈念するという行為が記されていることがしばしばあるが、この時、具体的には、どのような行為に及んでいたのかということについては、先行研究において未だ明らかにされていないようである。
(55) 先に本文においても述べたように、石毛忠「江戸時代初期における天の思想」（前掲）以降、江戸時代の「天道」

に関する議論が、小沢栄一『近世史学思想史研究』（吉川弘文館、一九七四年）をはじめとした多くの先学の論攷の中で為されてきたが（近年では特に若尾政希氏、加藤みち子氏、阿部光麿氏らによって、その思想的解釈の深化が進められている）、太陽信仰との関係に主眼を置いて、江戸時代の「天道」について論じられているものを見出すことができない。ただし、相良亨『日本の思想』（ぺりかん社、一九八九年）においては、江戸時代の「天道」の不可知性に論の主眼が置かれつつも、『古今著聞集』の中の太陽を意味する「天道」、あるいは『本佐録』において「天照大神」と等置し得る「天道」についても論が及んでいる。

(56) 『清水物語』からの引用については、『新日本古典文学大系・仮名草子集』（岩波書店、一九九一年）所収の『清水物語』を参照したが、表記等については石毛氏の引用にしたがった。

第三節

(57) このことは、十三番の第一句の中の「太（大）陽」の語に対するA系統とB系統の元三大師御籤本の和解における解釈の相違にも表れている。

(58) 石川謙『石門心学史の研究』（岩波書店、一九三八年）、竹中靖一『石門心学と経済思想』（ミネルヴァ書房、一九六二年）参照。

(59) 井上和雄『慶長以来書賈集覧』（言論社、一九七八年）の「八文字屋仙二郎」の項に、『平安人物志』等に基づき、八文字屋仙二郎という書肆の主人が脇坂義堂と同一人物である旨が記されている。

(60) 引用に際しては、『心学道話全集』（忠誠社、一九二八年）所収の『開運出世伝授』によった。

第五章　註

第一節

(61) A系統の注解全体を見てみると、注解の総括部分ではなく、職業別の吉凶判断の中で処世訓が述べられていることもある。しかし、既に本文でも述べた通り、この職業別の吉凶判断部分は御籤本によっては省略されている場合もあり、注解の総括部分において言葉を尽くして頻りに処世訓を説くという点は、やはりC系統の注解の注目すべき大きな特色である。と同時に、A系統の御籤本において信仰を説くという性格の陰に隠れていた倫理性を、C系統の御籤本が注解の総括部分において強調し、顕在化させたとも言える。

(62) C系統の御籤本の底本としては、『天保新選永代大雑書萬暦大成』に収められた御籤本を用いた。なお、文章としての引用に際しては、読点および濁点を適宜補った。また、読み仮名については、原則的には省いたが、論の展開上、必要な場合には敢えて付した。

第三節

(63) 日本の近世仏教の思潮については、『日本思想大系　新装版　続・日本仏教の思想　五　近世仏教の思想』(岩波書店、一九九五年)所収の藤井学「近世仏教の特色」(一九七三年初出)および『日本の仏教』第四号(法藏館、一九九五年)所収の高島元洋「近世仏教の位置づけと排仏論」を参照し、多くの示唆を受けた。

(64) なお、台湾では多くの場合、おみくじが道教寺院で引かれていることから(ただし台湾で引かれているものは『天竺霊籤』に基づくものではない)、専ら現世利益を説く道教からの影響も、一つの遠因として視野に入れておく必要があろう。

第四節

(65) 一例を挙げれば、五十八番(凶)には「もし困窮に堪かね短気をいだし、物事慎みなくば、猶此上に子にはなるるか、親族下人に別るる愁み出来るべし、只身を慎み夏の草の夜露をまつごとく、辛抱して、神仏を祈り、誠の心つうじなば、憂苦をまぬかれ福を得べし」とあり、八十二番(凶)には「火事のおそれあり、よくよく神仏を信心すべし」などとある。

第五節

(66) 『春鑑抄』からの引用に際しては、内閣文庫所蔵の慶安元年本を底本とした。

(67) このような教化思想の変移は談義本においても表われている。談義本の思想および林羅山の『春鑑抄』の思想については、拙著『日本の近世と老荘思想―林羅山の思想をめぐって―』（ぺりかん社、一九九七年）の中で詳述した。

(68)『現代用語の基礎知識二〇〇〇』（自由国民社、二〇〇〇年）「社会風俗」参照。

(69)この問題に関する統計的数値を算出すべく、平成十三年（二〇〇一）以来、社会学、社会調査法を専門とする松宮朝氏との共同研究という形で、次のようなアンケート調査を定期的に実施し、現時点で延べ千人以上からの回答を得ており、今後も、このアンケート調査の実施を継続してゆく予定である。

「占い」に関するアンケートご協力のお願い

このアンケートは、愛知県立大学の学生による、おみくじに参加していただいた方の「占い」に対する意識をおたずねするものです。このアンケート結果をもとに、今後の「おみくじ」、「占い」に関する研究の参考資料として利用させていただきたいと思います。

データはすべて統計的処理を行ない、プライバシーに関わる内容が漏れることは一切ございませんので、どうかご協力よろしくお願いいたします。

●あなたの「占い」に対する関わり方についておたずねします。

問一、あなたは次にあげた「おみくじ」以下の「占い」について、自分自身に関して占いを行なった経験がありますか。

経験された占いを、選択肢の中からお選びになり、番号に○をつけて下さい。（複数可）

①血液型に関する占い
②生年月日に関する占い（星座、干支に関するものを含む）
③姓名判断に関する占い
④手相に関する占い
⑤占い師による占い
⑥その他（占い名・　　　　　　　　　　　　　）

●前問で占いを経験されたことがあるとお答えになった方におたずねします。
問二、あなたが経験された占いについて、占われた内容をどのようにとらえ、行動しますか。占いの種類ごとに選択肢の中から一つお選びになり、番号に○をつけて下さい。
・占いの番号（　　　）
①占われた内容を全面的に信じ、戒められたこと、奨励されたことを実行する。
②占われた内容がよい場合には信じないが、悪い場合には戒められた内容に注意して行動する。
③占われた内容が悪い場合は信じないが、良い場合は信じ、奨励された内容に注意しつつ行動する。
④占われた内容について、全面的に受け入れることはせず、自分の解釈に照らし合わせつつ反省を行ない、行動に反映させる。
⑤占われた内容について、全面的に受け入れることはせず、あくまでも楽しみと割り切って考える。
⑥その他（　　　　　　　　　　　）
●次に、あなたが占い師によって占いを受ける場面を想像してみて下さい。
問三、「困っている人を見かけたら、その人を助けてあげると、きっとあなたの願い事がかなない、恋は実を結ぶでしょう」と言われたとします。

以下の選択肢の中から一つお選びになり、番号に○をつけて下さい。

あなたはその占いを聞いて、自分自身がどのような行動をとるだろうと思いますか？
①困っている人を見かけたら、これまで以上に必ず手助けをするように心がける。
②困っている人を見かけても、これまで行なってきた以上のことは何もしないと思う。
③その他（　　　　　　　　　　　）
問四、前問で①と答えた方におたずねします。

あなたが自分の行動をこれまでとは変えてみようと思ったのはなぜですか？

以下の選択肢の中から一つお選びになり、番号に○をつけて下さい。
①困っている人の手助けをすると、願い事がかなうと思うから。

②願い事がかなう、かなわないに関わらず、占い師に言われた通り、困っている人の手助けをしないと不安に思うから。
③困っている人の手助けをしないと、願い事がかなわないと思うから。
④困っている人の手助けをしないと、自分自身に何らかのひどい事態が生ずると思うから。
⑤その他（　　　　　　　　　　　）

●最後に、あなたのおみくじに対する意識についておたずねします。
問五、あなたは、おみくじをひいたことがありますか？
①はい
②いいえ

問六、前問で①と答えた方におたずねします。
あなたは、おみくじの結果を信じますか？
①はい
②いいえ

問七、前問で①と答えた方におたずねします。
あなたがおみくじの結果を信じる理由は何ですか？
選択肢の中から一つ、お選びになり、番号に○をつけて下さい。
①おみくじを引いた社寺が信頼できると感じるから。
②生身の人間の恣意が入り込まないと思うから。
③おみくじ自体が持つ歴史、体系を信じるから。
④おみくじの内容が自分のおかれた状況を言い当てていると感じた経験があるから。
⑤その他（　　　　　　　　　　　）

問八、あなたの性別についてお聞かせ下さい。
①男性

② 女性

問九、あなたの年齢について、以下の選択肢の中からお選び下さい。

① 〜 九歳
② 十 〜 十九歳
③ 二十 〜 二十九歳
④ 三十 〜 三十九歳
⑤ 四十 〜 四十九歳
⑥ 五十 〜 五十九歳
⑦ 六十 〜 六十九歳
⑧ 七十歳 〜

第六章　註

第一節

(70) 一方、主として「出家」を対象として述べられたと覚しき和解もある。例えば四十六番の場合、その籤詩は「雷発震天昏　佳人独掩門　交加文書上　無事也遭巡」というものであるが、『天竺霊感観音籤頌 百首』の第三句の和解は「出家ナラバ、ヨイゾ」とのみ記されている（『元三大師百籤』も同様に「出家ならば、よいぞ」とある）。

(71) ただし、これら事象別判断の項目については、各元三大師御籤本ごとに異なり、さらには、同じ元三大師御籤本の中でも番号によって異なる場合もある。

(72) ただし、現代でも、江戸時代の元三大師御籤本に基づき作成されたおみくじには、記されていることがある。

(73) A系統・B系統・C系統、それぞれの表記については、Aを『観音百籤占決諺解』、Bを『元三大師御鬮諸鈔』、Cを『天保新選永代大雑書萬暦大成』所収のものに従った。

第二節

(74) 二十七番では、A系統、B系統が「たち、かたな、やり、長刀」などとしているのに対して、C系統では「太刀、刀、かんざし、かうがいのるいなり」としており、「やり、長刀」を「かんざし、かうがい」としたと覚しい。

(75) これらとは正反対に、A系統、B系統には無かった武具がC系統に至って添えられている例も三例（五十四番、五十七番、九十番）ある。

終章　註

(76) このような思想史における「座標軸」と言う概念は、佐藤弘夫『起請文の精神史――中世世界の神と仏――』（講談社、二〇〇六年）の中でも用いられている概念である。

あとがき

本書は科学研究費（基盤研究C）「日本における霊籤の受容と展開に関する思想史的研究」（平成十六年度〜平成十八年度）および同（基盤研究C）「日本における霊籤・御籤・神籤をめぐる思想史的展開に関する総合的研究」（前年度申請により平成十九年度より）の研究成果に基づくものである。

また、本書には著者がこれまでに論文あるいは共著として執筆したもの、あるいは学会、研究会等で既に発表した知見も多く含まれている。それらを踏まえた上で、書き下ろしたものである。

学会発表、研究会発表の際には、多くの先生方から貴重な御批正、御助言を頂戴し、多くのことを学ぶことができたことに、ひたすら感謝申し上げるばかりである。

論文として、あるいは共著として、拙い知見を披瀝した折にも、思わぬ形で御教示をたまわることができた。中でも、大先達である酒井忠夫先生、前田金五郎先生から直接に御教示をたまわる機会を得ることができたことは、大袈裟な表現ではなく、夢のようなことであった。感謝の域を出て感激という表現が著者の偽らざる心境である。

また、元三大師御籤について調査、考察していく上で、天台宗の寺院各位からの御教示は欠かすことのできぬものであった。

半田孝淳天台座主、東叡山寛永寺の浦井正明執事長はじめ天台宗の各方面の方々には、御無理を申し出たにもかかわらず、たいへん懇切に御教示をたまわったことに、ひたすら感謝申し上げている。

そして、何より、このような機会を下さった原宏一さん、立入明子さんはじめ思文閣出版の方々には御礼の致しようもない。本当に有り難いと痛感している。

また、本書を執筆するに当たって、それまでの研究段階での下支えをしてくれた愛知県立大学の大学院生、学部生には、心より感謝している。特にデータの翻刻、整理でたいへん御尽力下さった熊澤美弓さん、本多純子さん、松本初美さん、藤本文さん、田川聡子さんはじめ、著者の授業に積極的に参加してくれた愛知県立大学の学生たち、元三大師の故郷の町、滋賀県の虎姫町教育委員会の福井智英学芸員をはじめとした研究協力者の方々に、心から御礼を申し上げなければならない。

いまだ不完成な部分も多々残る本書である。翻刻にも誤りがあるかもしれない。本書の発刊を機に、多くの方々からの御教示を頂戴する機会を得られればと、ひたすら願うばかりである。

是非とも御高覧の上、御批正、御助言をたまわることができぬものかと願うとともに、新史料、新情報の提供をたまわれることが、本書の刊行を機に、一つでも多く得られれば、本書を刊行した意義の大半は達成できたにも等しいと思っている。

なお、本書は、独立行政法人日本学術振興会平成二十年度科学研究費補助金（研究成果公開促進費）を受けて出版されたものである。

平成二十一年一月

大野　出

索　　引

＊本索引は、史料名・人名・事項等・道具の 4 部構成である。
＊本索引では、以下の頻度の高いものはあえて除外した。
・人名…元三大師(良源)
・事項等…元三大師御籤、元三大師御籤本、御籤本、おみくじ(みくじ，神籤，御籤，籤，霊籤を含む)、神仏、仏教

【史料名】

【人　名】

【事項等】

す

せ

た

ち

つ

て

と

な

に

は

ひ

ふ

【道　具】

あ

い

う

え

お

か

き

く

け

こ

さ

し

す

せ

そ

た

◆著者略歴◆

大野　出（おおの・いずる）

［略歴］
1961年東京生まれ.
北海道大学文学部（中国哲学専攻）卒業. 筑波大学大学院博士課程日本文化研究学際カリキュラム（倫理学専攻）修了. 博士（学術).
川越市立博物館準備室学芸員, 国際大学助手, 筑波大学文部技官(準研究員), 帯広大谷短期大学日本語日本文学科専任講師等を経て, 現在, 愛知県立大学文学部准教授.

［主要著書］
主著(単著)として『日本の近世と老荘思想―林羅山の思想をめぐって―』(ぺりかん社, 1997年),『江戸の占い』(河出書房新社, 2004年), 共著として『論語の思想史』(汲古書院, 1994年),『陰陽道の講義』(嵯峨野書院, 2002年),『江戸町人の研究・第6巻』(吉川弘文館, 2006年) など.
この他, 中日新聞（東京新聞）連載「老子のことば」「荘子のことば」など.

元三大師御籤本の研究（がんざんだいしみくじぼんのけんきゅう）――おみくじを読み解く――

平成21(2009)年2月20日発行

著　者　大野　出
発行者　田中周二

発行所　株式会社　思文閣出版
606-8203　京都市左京区田中関田町2-7
電話075(751)1781(代)

印刷・製本　株式会社　図書印刷　同朋舎

ISBN978-4-7842-1454-9 C3014

大野　出（おおの　いずる）…愛知県立大学日本文化学部准教授

元三大師御籤本の研究
—おみくじを読み解く— （オンデマンド版）

2016年4月30日　発行

著　者　　大野　出
発行者　　田中　大
発行所　　株式会社 思文閣出版
〒605-0089　京都市東山区元町355
TEL　075-533-6860　FAX　075-531-0009
URL　http://www.shibunkaku.co.jp/

装　幀　　上野かおる（鷺草デザイン事務所）
印刷・製本　株式会社 デジタルパブリッシングサービス
URL　http://www.d-pub.co.jp/

　AJ535

ISBN978-4-7842-7008-8　C3014　Printed in Japan